「領事報告」掲載

シンガポール関係記事目録

―海峡植民地と英領マラヤ：1889-1940年―

南原 真 編

三恵社

まえがき

　本目録は拙稿「日本領事報告掲載のシンガポール関係記事の概要と特徴—海峡植民地と英領マラヤ：1928-1940年—」『東京経大学』第287号，3—22頁，2015年をベースとし通商彙纂、通商公報、日刊海外商報から関連記事を収録しまとめたものである。解説文と索引（地名と事項）を新たに作成した。

　戦前の日本の領事報告は，海外各地の経済，金融・財政，商業，貿易，産業，交通，条約・関税等の経済事情の紹介にとどまらず，社会，流行，風俗，移民，検疫に至る実に幅広い内容を多岐に渡り伝えていた。また，海峡植民地や英領マラヤと日本の2か国間の貿易や商業情報だけではなく，英領ビルマのラングーン米などの情報を網羅的に伝えていることも特徴となっている。

　東南アジアの領事報告の記事目録は早瀬晋三編，『「領事報告」掲載フィリピン関係記事目録 1881—1943年』，龍渓書舎，2003年と南原真編、『「領事報告」掲載タイ（暹羅）関係記事目録 1885—1943年』，三恵社，2019年が出版されており，タイとフィリピンの2か国では利用できる状況になっている。今回のシンガポール記事目録の刊行により、より多くの国と地域が網羅されることになった。また，最近の東南アジアの記事目録の整備状況については，解説を参照されたい。

　本目録が多くの研究者や大学院生に利用されることを期待したい。日本と海峡植民地や英領マラヤの2か国の関係史は，領事報告の多岐に渡る内容から様々な研究テーマに活用できるものと思われる。また，フィリピンやタイなど他の東南アジア諸国の記事を利用して特定のテーマで比較研究することができる。

　本目録が研究の発展の一助になれば幸いである。

2022年12月

南原　真

目　次

「領事報告」掲載シンガポール関係記事目録
―海峡植民地と英領マラヤ：1889－1940 年―

索　引

解　説

はじめに

　日本の領事報告は、海外各地の通商貿易、各国経済事情など広範囲にわたる有益な通商情報をもたらし、明治以降の本邦製品の輸出拡大を中心に貿易の促進に貢献した。本解説では明治から昭和にかけて刊行された領事報告に掲載されたシンガポール領事報告の記事の特徴と傾向について要約する。

　シンガポール領事館が開設されたのは、1889 年（明治 22 年）であった[1]。当初の同館の管轄区域はシンガポール、ペナン、マラッカなどの海峡植民地に限定されていたが、1909 年には馬來聯邦（連合マレー諸州）も管轄区域に加わった。1915 年 7 月 20 日には英領北ボルネオ、同保護領サラワクおよびブルネイの 3 地域がバタビア領事館からシンガポール領事館に移管された[2]。清水（2006）によると実際の移管は 1912 年 12 月 1 日に行われ、これと同時に英領マラヤ非聯邦州も管轄区域となり、前述の 3 地域の事務引継が完了したのは、1913 年 1 月 13 日である[3]。

1．『通商彙纂』（1894−1913年）

　『通商彙纂』は 1894 年（明治 27 年）1 月から刊行され、1913 年 3 月まで続いた「帝国領事報告」である[4]。当初は毎月 1 回の発行であったが、1895 年 5 月から月 2 回、1897 年 6 月から月 3 回、1900 年 4 月に再び月 2 回に、1902 年 7 月から週 1 回、1903 年 4 月以降月 6 回と年 6 回の臨時増刊と発行回数が増加した[5]。

　『通商彙纂』は 1913 年（大正 2 年）4 月から週 2 回発行の『通商公報』（1913-1924 年）に引き継がれた。『通商公報』は『日刊海外商報』（1925-1928 年）、『海外経済事情』（1928-1943 年）へと継承された。

　『通商彙纂』は政治・外交情報とは区分された通商経済情報であり、民間業者の日本製品輸出振興を促進するための情報を中心に提供した。その内容は海外各地での経済、金融・財政、商業、貿易、産業、交通通信、条約、関税等の経済情報だけに留まらず、社会、流行、習慣、各地事情、移民、検疫に至るまで多岐に渡る内容を掲載していた。また、日本の競争国の製品動向、政変や事変の日本製品に及ぼす影響、世界各地での多数国にわたる特定品目のマーケティング調査も実施されており、日本と特定対象国の 2 カ国間関係だけではなく、多元的、複眼的視点も含まれていることが特徴となっている。

　領事報告を構成する『通商彙纂』、『通商公報』、『日刊海外商報』、『海外経濟事情』は、『海

表1 通商彙纂年次別内容別報告件数

年度	1894年 明治27年	1895年 明治28年	1896年 明治29年	1897年 明治30年	1898年 明治31年	1899年 明治32年	1900年 明治33年	1901年 明治34年	1902年 明治35年	1903年 明治36年	1904年 明治37年	1905年 明治38年	1906年 明治39年	1907年 明治40年	1908年 明治41年
内容（分類）															
時事															
商業	3	4	9	12	14	3	6	6	2		8	11	29	28	32
工業										1	1				
農業		1		2	1			1	1				3	3	
農業及藍業					1										
林業															
鉱業												1			
水産				1			1				1				
移民						1				1					
移民及労働															2
関税		1	1						2						
関税及諸税															
交通			1	3	5	3		4	1			1			
交通及通信															
企業															
海外貿易品															
取引商紹介															
博覧会及各種会議															
貨幣		1		4											
貨幣及金融					15	7	3	2	4	4	13	10	13	6	14
財政及経済														5	1
検疫並衛生															
居留地及居留民														1	2
各地事情															1
雑（件、報）		2	2	2	3	2		4	1	4		5	2		
電報					2							1	21	24	16
臨時											1	1			
特報															1
不明（号外）			2												
不明（巡回復令書）					1										
合計	3	9	15	25	41	16	10	17	11	10	25	32	68	64	69

（注）件数は編者の計算による。分類は年度別の索引を利用したが、原本と確認した。分類に不明があるが、
　　　索引には掲載されていない。原本の目次を参考にした。

（出所）外務省通商局、海外彙纂各年度版。

外經濟事情』を除いては復刻版が出版されている[6]。各大学図書館や研究機関の所蔵状況は蔵書検索（CiNii）で調べられる。

（1）　報告件数の概要と傾向

　表 1 は『通商彙纂』に掲載されたシンガポール関係記事の件数と内容を各年度別にまとめたものである[7]。1894 年から 1913 年にかけて 604 件の報告があり、年平均 29 件であるが、1906 年から 1910 年の 5 年間の報告件数は 308 件と全体の 51%を占めている。この要因として電報の新嘉坡米況が 1906 年から 1908 年に集中的に多いことがあげられる。次に分類件数を見ると商業 285 件（全体の 47%）、貨幣及金融 123 件（同 20%）、電報 65 件（同 11%）、雑報 29 件、交通 18 件、農業 13 件と続きあとの分類は 1 桁代となっている（表 1 を参照）。

　商業の中では多岐に渡る内容が報告されているが、石炭関連、米、貿易、各種商品動向が多い。地域別に商業を見ていくといくつかの特徴がある。まず石炭はシンガポール港で定期

1909年 明治42年	1910年 明治43年	1911年 明治44年	1912年 明治45年	1912年 大正元年	1913年 大正2年	合計
1				1		2
39	31	11	19	8	10	285
	1					3
				1		13
				1		1
	1	3	2	1		7
				1		2
						3
						2
1						3
						4
					1	1
						18
7		1				8
		1				1
	1	1			1	3
	1					1
						5
7	11	9	5			123
						6
			1	1		2
1						4
4		2				7
		1	1			29
	1					65
						2
						1
						2
						1
60	47	29	28	13	12	604

船や不定期船の内外の船舶汽船の燃料として利用されたので、新嘉坡（港）石炭商況などの石炭関連記事が多い。米に関しては、前述の新嘉坡米況のみならず蘭貢米況が多いことが特徴となっている[8]。これは、バンコク領事館が領事報告の中でラングーン米況や柴棍米況など英領ビルマや仏領インドシナの米情報を集中的に『通商彙纂』の中で報告していることと共通している[9]。シンガポール港に集積した米は英領マラヤや蘭領東インド（インドネシア）に再輸出されたため米情報は重要であった。商品については大まかに、海産物、豚肉、ハム、茶、落花生、煙草、日本醤油など食品や嗜好品、燐寸、人力車、琺瑯器、麻綱、麻布、帽子、薬品などの軽工業品、台湾樟脳、銅、錫や護謨などの原料が掲載された。

　貿易は海峡植民地貿易年報やシンガポール貿易年報で年度別に報告されている。貨幣及金融は、月別の新嘉坡金融情報が圧倒的に多い。アジアの中継港として発展を遂げる当地において、銀行為替相場、海峡植民地政府紙幣発行高及準備高、同銀行紙幣発行高及準備高の金融情報は重要であった。交通ではシンガポール港、マラッカ港、ペナン港の船舶出入動向が定期的に報告されているが、鉄道関連は少ない。

（2）　主な記事の紹介

　ここで主な記事をいくつか紹介したい。護謨（ゴム）と錫（スズ）は重要商品で特に前者に関しては紙幅を割いて護謨事業や護謨樹に関する記事が複数ある[10]。例えば 1906 年の「馬来聯邦國護謨栽培事業」では、17 頁にわたり護謨栽培の盛大なる所以、護謨栽培法及製造法、護謨樹栽培業の盛況、護謨樹栽培業に対する公課及奨励、労働者の種類及供給、護謨樹栽培業の収益、護謨樹栽培業の前途、日本人に対する勧告及其企業上の注意、附録馬来聯邦國勢一斑の多角的な視点から報告している。同年の「馬来半島ニ於ケル護謨事業」では第一　其由来、第二　近況、第三　栽培事業要領、第四　本邦人ノ経営、第五　栽培事業ノ将来ニ付テ、第六　注意事項の 37 頁に及ぶ詳細な報告もある。また、1912 年の「馬来半島護謨栽培事業」では緒言、第一　護謨事業の沿革、第二　バラ種護謨の栽培、第三　護謨園面積及投資高、第四　護謨輸出高、第五　護謨耕作及豫製法、第六　バラ護謨の形状、第七　護謨の値段、附録　馬来半島に於ける護謨事業発達統計表の面から報告内容が構成されている。

　この時期には貨幣及金融の記事が多いが、本邦円銀輸入禁止や金融情況、海峡殖民地貨幣調査委員会の報告などがある[11]。1901 年の「英領海峡殖民地三十三年中金融情況」では、第一　貿易、第二　金銀及貨幣輸出入、第三　千九百年中紙幣発行ニ関スル状況、第四　千九百年新嘉坡ニ於ケル為替相場及金銀相場の四点から、1891 年から 1900 年の金銀及貨幣輸出入表の統計や 1891 年から 1900 年の 10 年間銀行為替相場表など統計を多く利用し報告している。1903 年の「在倫敦海峡殖民地貨幣調査委員会ノ報告」では、調査の範囲、目下の流貨並紙幣、海峡殖民地通貨の近史、貨幣目下の流通額、幣制改革問題、幣制変革の可否、幣制変更の実施の面から報告している。

　商業では本邦商品標本を展示する陳列所の設立や日本品商況や集散分布概況、本邦製人力車の調査など本邦商品の輸出と販売促進を伝える記事も見られる[12]。シンガポール近況やマレイ半島事情を政治、経済、社会、文化、人種構成などの概要を報告している記事もある[13]。

2．『通商公報』（1913－1924年）

　『通商公報』は『通商彙纂』の後，1913（大正 2 年）4 月から 1924 年（大正 13 年）2 月まで刊行された「領事報告」である。発行回数は毎月 8〜9 回であった。ここで表 2 からシンガポール領事館からの報告件数を見ると総件数は 657 件に達し、1922 年 90 件，1923 年109 件，1924 年 120 件でこの 3 年間で 319 件と全体の 49％を占めている。この 3 年間の件数の多さはシンガポール領事館の商務官からの報告が新たに掲載されたことによる[14]。1913 年から 1924 年の 12 年間の『通商公報』の年平均報告件数は 54 件で，『通商彙纂』の同平均 29 件から大幅に増加した。

（1） 報告件数の概要と傾向

記事の分類（掲載欄）は 35 項目に及んでいるが，商業 203 件，商品市況 111 件、紹介 101 件が圧倒的に多くこの 3 項目で全体の 654 件の 63%の 415 件を占めている。これに続くのが電報の 63 件，財政及経済の 30 件，関税及諸法規の 25 件，速報の 24 件，貿易一般の 12 件，各地事情の 12 件でその他は一桁代の件数となっている。商業の項目は 1923 年まで掲載されていたが，1924 年以降は商業経済，商業地理になり報告件数は数件程度で，商品市況が従来商業で紹介された多種多様な商品の市況動向を伝えている。

ここで商業や商品市況で主にどのような商品が対象となっていたのかを紹介したい。石炭関連，新嘉坡石炭市況や新嘉坡炭況が件数では圧倒的に多いことが特徴となっている[15]。また，1913 年と 1914 年では新嘉坡米況が集中しているが，全体的な傾向としては多種多様な商品が記事として紹介された。石炭に続いて多いのが燐寸（マッチ）市況で，第一次世界大戦から日本製商品の輸出が急増した雑貨，人力車などの軽工業品，絹綿布や糸，綿織物，食品，護謨（ゴム），錫などの原料など実に幅広い商品が扱われた。対象地域は、主に海峡植民地、シンガポール、英領マラヤに区分され多種多様な各商品の輸入事情、需給状況、本邦重要商品市況など掲載された。

主要商品である護謨は、商業、商品商況、林業、農業、紹介、電報の分類の中で幅広く掲載され、その内容も事業や栽培業の概要、需給状況、輸出動向、商況や市況、相場、護謨園、生産制限問題、護謨液など多岐多様な報告がなされた。また、商務官の報告として電報欄に 1922 年以降多くの護謨関連の記事があることも特徴となっている。一方、錫に関しては商業、商品市況、鉱業、電報で合計しても 5 件の報告になっている。

（2） 主な記事の紹介

ここで海峡植民地と英領マラヤでどのような日本商品が重要であったか見ていきたい。海峡植民地では日本からは石炭の輸入が最重要品目であった。第一次世界大戦の勃発に伴い欧州からの同地域への貿易が途絶する中、欧米商品に代わるべき本邦商品として夏用莫大小（メリヤス）類、硝子器、置ランプ、掛ランプ、鋏、小刀類、玩具類を報告する記事が掲載された[16]。貿易一般では、英領マラヤでどのような商品が重要本邦品として輸入されているかを分析した記事がある[17]。この 74 頁の記事には 37 品目が輸入金額の順位により、(1) 石炭、(2) 木製品及指物具、(3) 綿織物、(4) 燐寸、(5) 衣類及莫大小、(6) 絹織物、(7) 陶磁器、(8) 乾塩魚、(9) 紙及紙製品、(10) 文房具類、(11) 金物類、(12) 硝子及硝子器、(13) 硝子壜、(14) 小間物遊戯材料玩具、(15) 麦酒、(16) 化学薬品、(17) タオル類、(18) 茶、(19) 護謨タイヤ、(20) 縫糸、(21) 筵、(22) 綿毛布、(23) セメント、(24) 香水、(25) 帽子、(26) 帆布、(27) 傘、(28) 革及トランク、(29) 綿サロン、(30) 絹サロン、(31) 酢酸、(32) 線香、(33) 化粧石鹸、(34) 刷毛類、(35) コンデンスミルク、(36) 時計、(37) 楽器が

表2　通商公報内容別報告件数
（1913-1924年）
（大正2年4月-大正13年12月）

内容（掲載欄）	1913年 大正2年	1914年 大正3年	1915年 大正4年	1916年 大正5年	1917年 大正6年	1918年 大正7年	1919年 大正8年	1920年 大正9年	1921年 大正10年	1922年 大正11年	1923年 大正12年	1924年 大正13年	合計
商業	30	16	26	26	21	17	10	4	9	35	9		203
商業経理												1	1
商品市況											39	72	111
農業			2		1					1	1	1	6
交通及通信	1	1	2	3	2								9
交通及港湾									1	1			2
交通									1	3	1		5
交通、保険、倉庫及港湾											2	1	3
交通倉庫及港湾											1		1
鉱業	1										1		2
採掘業									1				1
工業									1	1	2	2	6
企業											4		4
林業	1								1	1			3
水産業			1			1				1	1		4
財政及経済	3	7	7	10							1	2	30
経済											1		1
移民労働及社会												1	1
移民及労働				1									1
移民及社会									1				1
在外本邦人							1						1
検疫並衛生			1	3									4
外国法規										3	4		7
貿易一般											4	8	12
関税及諸法規		1	9	13	2								25
関税及外国諸法規						1	2						3
関税及条約											2	1	3
関税									1	1	1		3
紹介	5	3	14	8	12	8	2		3	15	11	20	101
各地事情			2	6						1		3	12
電報		4	7			2	6		2	18	16	8	63
速報									9	8	7		24
産業機関										1			1
雑報				2									2
雑録											1		1
合計	41	32	71	72	38	29	21	4	30	90	109	120	657

（注）件数と分類は編者の目次・索引（類別）からの計算による。索引では電報の項目が1915年7-9月から掲載されているが、それ以前に原本で確認した電報は電報に分類した。

（出所）外務省通商局、通商公報各年度版。

掲載され輸出入及び需給状況、品質と価格、販路状況や競争品など品目ごとに分析されている。また、各種のガラス器について詳細な報告をした記事もある[18]。

　財政及経済では、1914年までは新嘉坡金融状況、それ以降は新嘉坡金融並経済状況が定期的に報告されている。当地通貨、貨幣、各国銀行、政庁預金部、信局、チエツティーなどを報告した記事もある[19]。

　外務省通商局は特定の商品や産業をアジアの各領事館に調査を依頼し横断的に報告している。その中で、1914年に「南洋の水産」を暹羅（シャム）、蘭領東インド、馬来半島など東南アジアの諸国を対象に16回に分けて水産業を詳細に掲載した[20]。また、海峡植民地の漁業の報告もある[21]。南洋協会が設立した新嘉坡商品陳列館は規程や出品規則が2回に掲載されている[22]。

　移民及労働では、インド人、中国人、ジャワ人、マレイ人、本邦人などの労働者と賃金や生活費を人種別に伝えている[23]。

　各地事情の分類では英領北ボルネオが土地及労働者、有望なる産業を中心に4回の連載で紹介され、海峡殖民地事情やクアラルンプール市事情、ケランタン並トレンガヌ州事情なども報告されている[24]。

3．『日刊海外商報』（1925－1928年）

　『日刊海外商報』は『通商公報』の後，1925年(大正14年)1月から1928年（昭和3年）3月まで刊行された。日刊で毎号約10―15頁であったが，1926年4月からは新聞スタイルのタブロイド版で4頁となった。なお『日刊海外商報』には解説・総目次が出版されている[25]。

　この時期の特徴としては，掲載欄は商品，貿易，経済，紹介，電報，雑録，欄外の7項目に簡素化された。一方，類別は商品市況，貿易（一般），商業経理，工業，農業，畜産業，林業，水産業，交通保険及港湾，産業機関，財政及経済，関税及条約，移民及労働，外国法規，検疫及衛生，各地事情，雑録，訂正，紹介，口絵，附録になった。

（1）　報告件数の概要と傾向

　表3には『海外商報』の1925年から1928年3月までの報告件数の推移が年別に示されているが，総件数は272件である。1927年までの3年間では年平均82件である。

　類別では商品市況が全体の65%の176件を占め圧倒的に多い。次に貿易の37件（全体の14%），紹介の24件（同9%），工業の13件（同5%）と続くが、他の類別項目は1桁代と分散している。最大の商品市況を年度別に見ていくと1925年の79件は，多種多様の商品が掲載されているが，護謨関連，石炭，マッチに関する記事が半数以上を占めた。1926年

の 28 件では石炭，絹綿糸布加工品，加工綿布が多い。1927 年の 54 件の中で護謨，石炭，絹綿糸布加工品，綿糸布，加工綿布が全体の 8 割以上を占めた。

　貿易の 37 件に関しては，英領馬来対外貿易が 1927 年から月毎に連続的に報告された他，海峡殖民地貿易，シンガポール外国貿易，本邦対英領馬来重要貿易品や英領北ボルネオ，サラワク王国なども含まれていた。また対外貿易だけではなく，欧米商人や米国品，一手取引制に言及した記事もある。

　工業の 13 件は 1925 年に集中している。この 13 件の中で英領馬来は 10 件でシンガポールは 1 件あった。英領馬来では，マッチ，護謨製品，ガタ・ヂュルトン，精米業，製紙業，ガラス器，葉巻煙草，椰子繊維工業，錫精錬業，諸工業が取り上げられた。

表3　日刊海外商報内容別報告件数

	1925年 大正14年	1926年 大正15年	1927年 昭和2年	1928年 昭和3年3月迄	合計
内容　　（類別）					
商品市況	79	28	54	15	176
貿易一般	15	6	10	6	37
商業経理	2				2
工業	13				13
農業	2				2
林業		1			1
鉱業	1				1
交通	2				2
交通保険及港湾	1				1
財政及経済	1		1		2
関税及条約	4	2			6
移民及労働	1				1
検疫及衛生			1		1
各地事情	1		1		2
雑録	1				1
紹介	8	2	9	5	24
合計	131	39	76	26	272

　（注）件数と分類は編者の目次・索引（類別）からの計算による。
　　　類別の分類は各年度の四半期毎の海外商報索引による。
　（出所）外務省通商局、日刊海外商報各年度版。

（2）　主な記事の紹介

　ここで紙幅が割かれ特徴のあるいくつかの記事を紹介したい。1920 年代に世界的に護謨の生産過剰になり市況の下落や輸出の低迷を報告した「護謨生産制限問題（英領馬来）」や当時の 2 大輸出品であった錫に関して「錫精錬業状況（英領馬来）」がある[26]。この記事はシンガポールとペナンにある欧州錫精錬会社の 2 社の状況を概況、精錬方法、精製錫産出作

業、輸出、輸出先から報告している。マレイや蘭領東インドからの錫鉱を最新設備で精錬し。付加価値の高い精錬錫を輸出した欧州の錫精錬会社は錫産業の発展に貢献した。

　商品では清涼飲料水，電気器具，青果物がある[27]。また、人力車や自転車の需給状況は、それぞれの部品輸入にも言及している[28]。貿易では海外貿易だけではなく，欧米商人の動向や米国品の東洋市場についての記事もある[29]。特に前者の報告は欧米商人が小雑貨の売り込みの優位性を複数の要因をあげて分析している。工業は、鳳梨（パイナップル）缶詰業、清涼飲料水製造業、椰子油業、ニッパ椰子糖及酒精製造業、鉄工業、製氷業、洋灰（セメント）製造業の7業種に関して報告がある[30]。

　交通に関しては，シンガポール港の現状を港湾設備、港湾や埠頭に関する規則、荷役，倉庫貨物取扱規則など詳細に報告した記事がある[31]。

4．『海外經濟事情』（1928－1943年）

（1）　報告件数の概要と傾向

　『海外經濟事情』は、1928年4月から刊行された「帝国領事報告」である。当初は毎月曜日発行の週刊であったが、1935年から半月刊行となった。1943年に月刊となり、同年10月通商局の廃止とともに廃刊された。

　表4にはシンガポール領事館が報告した領事報告件数の推移を示しており、総件数は451件である[32]。特徴としては1928年から1934年にかけて報告件数が集中しており、全体の8割の359件を占めている。1935年から報告件数は著しく減少しており、各年度10〜20件ほどであり、その報告内容も貿易と商品に関するものが多い。報告件数の減少は、電報・商況・商取引紹介先の掲載が、『外務省通商局日報』に掲載されたことによる[33]。

　全体の分類では、商品が136件と最多で3割を占め、次に貿易が102件で、両者の比重は5割に達している。財政及経済62件、関税及条約30件、紹介29件、外国法規23件と続き、その他の項目は一桁ないし20件以下になっている。

　表4の件数には含まれてはいないが、外務省通商局が報告した主な記事が9件ある。それらは1928年から1932年にかけて掲載されており、内容も護謨輸出制限、錫、建築材料市場、英領マラヤの諸州の経済事情紹介、海峡植民地の移民制限、マラヤの華人など多岐にわたっている[34]。

　ここで貿易に関する記事の特徴を、いくつかの記事を参照しながら紹介したい。貿易はおおまかに英領マラヤの対外貿易、英領マラヤ対外本邦貿易、シンガポール港貿易、北ボルネオ、サラワクなどの貿易の4つに分かれる。この中で記事数が多いのは、英領マラヤ対外本邦貿易である。

　貿易の記事内容は各年度または上半期、下半期の貿易概況、重要輸出入商品の動向、護

表4 海外経済事情内容別報告件数

分類（種別）	昭和3年 1928年	昭和4年 1929年	昭和5年 1930年	昭和6年 1931年	昭和7年 1932年	昭和8年 1933年	昭和9年 1934年	昭和10年 1935年	昭和11年 1936年	昭和12年 1937年	昭和13年 1938年	昭和14年 1939年	昭和15年 1940年	合計
農業				1	5	7	1	1		1				16
水産							1							1
工業			1		1			1						3
商品	9	12	18	18	20	18	8	6	9	2	1	9	6	136
鉱業									1					1
貿易	11	13	12	2	12	6	5	4	7	15	8	7		102
財経				2	19	23	10		2	6				62
貿易・財経						7	6							13
経済	4	3	3					2						12
経理			1	2										3
交通			1	1	1			1						4
関税			1	9	11	6	3							30
紹介	10	8	3	8										29
外法				1		2	18	1	1					23
機関					2		1				1			4
検疫				1	1	1								3
電報	3	3												6
雑録							2							2
未分類					1									1
合計	37	39	40	45	73	70	55	16	20	24	10	16	6	451

（注）件数は編者の計算による。分類は年度別の索引を利用する。分類は1934年までは、索引の種別の表記を利用した。1935年以降は種別は類別に変更されたい、詳細は本文の脚注32を参照されたい。

類別の水産は水産業、財経は財政及経済、関税は関税及条約、機関は産業機関、外法は外国法規、交通は交通、保険、倉庫及港湾、検疫は検疫及衛生の略称と説明されている（昭和10年上半索引目次）。

（出所）外務省通商局、海外経済事情各年度版。

14

護謨や錫などの国際市況や生産制限などの国際協定の影響、綿織物など特定商品の輸入割当制度、関税改正など多岐に渡っている。

商品の中で報告件数が多いのは、石炭関連27件、護謨関連25件、護謨・錫市況15件、綿絹糸布及同加工品8件、絹及人絹織物関連6件、パームオイル3件などがあげられる。本邦製品関連では、綿製品、綿布、婦人用絹靴下、醬油、人造絹織物、草履、寒天、陶磁器などの報告もなされている。

財政及経済では「シンガポール（新嘉坡）經濟情報」が46件と多いが、シンガポール地方主要物産市価、英帝国製品使用奨励運動、マレイ栽培連合会年次報告、シンガポール・ペナン商業会議所の総会演説、新国際錫協定案、サラワク王国経済事情（1936年）、英領北ボルネオ経済事情（1936年）なども記事として取り上げられている。

関税及条約では錫や護謨関連以外では輸入税改正、インボイス、石油・酒・たばこ税、各州の関税改正、自転車、砂糖など特定商品の輸入税改正などがある。

（2） 主な記事内容の紹介

ここでは貿易と商品を中心に主な記事をいくつか紹介し、その特徴を明らかにしたい。論文の末に記事目録が掲載されているが、ページの欄を見ると記事のページ数は短いものから6〜7頁に及ぶ長文の記事も散見される。貿易の記事は輸出入統計を含むため、全般的に長めである。

一つの事例として、「英領マレイ對外貿易状況（一九二九年)」で、どのような商品が重要輸出入品として紹介されているか見てみたい[35]。まず概況としてマレイ統計局の発表を利用し、主要貿易4カ国、すなわち米国、蘭領インド（インドネシア）、英本国、シャム（タイ）がマレイ総貿易額（輸出額と輸入額の合計）に占める割合が約6割を占めていることを記述している。また、輸出では米国が最大の輸出国である一方、蘭領インド（インドネシア）が最大の輸入国で、英国は輸出入ともに均衡傾向にあることを指摘している。貿易統計の中に参考として、マレイの対外貿易に占める領内地方別輸出入額が、シンガポール、ペナン、マラッカ、ラブアン、クリスマス島、マレイ連邦、マレイ非連邦ごとに1929年と1930年の輸入額、輸出額が示され、シンガポールが全貿易額の6割弱を占めていることを指摘している[36]。

重要輸入品状況として石炭、綿布、灯火用石油、燃料油、滑油、自動車、モーター油、米、護謨、錫鉱石の10品目が出ている。これらの輸入品目の中で石炭と綿布は日本、護謨と錫鉱石は主に蘭領インド（インドネシア）、自動車は英国と米国、米はシャム（タイ）を中心にビルマとサイゴンから、油関係はスマトラ、蘭領ボルネオ、サラワクなど近隣地域からとなっている。重要輸出品はバラ護謨と錫の2品目で、両品目とも米国が最大の輸出先と伝えている。

シンガポール港貿易概況の報告には船舶情報として、年間または半期の同港務局埠頭使

用船舶数・噸数、貨物取扱高が掲載されている。貨物取扱高は噸ベースで一般貨物、石炭、燃料油の 3 つに分類され、輸入と輸出それぞれ示されている。これらの数字は埠頭で扱われた貨物のみで沖掛荷役で陸揚げまたは船積みされた貨物類は除外しており、沖掛荷役の貨物量は埠頭で扱われた貨物と同程度と見なされるため、実際の年間の貨物取扱高は約2倍相当になると説明している[37]。

商品の報告に関しては主に石炭と婦人用絹靴下、オイルパームなどいくつか見てみよう。石炭は中継ぎ貿易港として繁栄したシンガポール港に出入する船舶にとって、燃料として利用され特に日本の三池炭の評価は高く、内外船から最も多くの需要があった[38]。石炭は主要輸出品であったが、1920 年代から 1930 年代にかけて 2 位または 4 位へと低下した（表 6 を参照）。邦製品の販路拡大を目的とし、マーケティング調査から具体的なビジネス提言をしている本邦製婦人用絹靴下の報告がある[39]。この記事の特徴は高級品である米国の新製品と本邦製（鐘紡）との比較から上海・香港から輸入される中国低級品の動向、色、サイズ、信用状などの取引条件、当地での絹靴下の需要及供給、嗜好などを分析して、本邦製品の品質や特徴の面で優れた点を取扱商に詳細に説明し、その情報を顧客に伝えていくことが重要であるとアドバイスをしている。このような特定商品の報告はバター、ミルク、薄荷（ハッカ）などもあり、通商局の報告では建築材料市場もある[40]。

護謨産業に関する報告は商品、経済、経理、農業の分類の中で、ラテックス調査、産業概況、ゴム市場管理の可能性など紙面を割いた報告がいくつもなされている[41]。オイルパームについても詳細な産業調査が複数報告されている[42]。

この他にも北ボルネオや英領マラヤの諸州の産業や貿易動向などの報告もある。

5．日本と海峡植民地貿易の推移

表5から 1902 年から 1945 年までの日本と海峡植民地との貿易動向を考察する。まず第一に貿易額（輸出＋輸入）では第一世界大戦期を契機に 1920 年代と 1930 年代に大幅な拡大傾向を記録した（表5の貿易指数を参照）。ただ、第一次世界大戦後の好景気の反動、世界大恐慌の影響や満州事変による日貨排斥による影響を受けた年は前年度または数年にわたり貿易額は減少した。第二に貿易収支は 1928 年から 1931 年と 1937 年から 1941 年を除いては、おおむね日本側の黒字基調が続いた。第三に貿易額のピークは 1937 年の 1 億3522 万円、底は 1942 年の 282 万円で、1937 年以降は貿易額の減少傾向が顕著になった。

日本と海峡植民地との貿易を検討する上で、香港の中継港の存在と役割を考察する必要がある。地理的に日本に近い香港には、日本から多くの日本製品が輸出され、その一部がシンガポールに再輸出されていた。通商彙纂の記事は、「本邦ト海峡殖民地間ノ貿易ハ香港ヲ經由シテ行ハルヽモノ頗ル大ナルヲ以テ的確ニ其精数ヲ知リ難シ」と報告している[43]。

表5　日本－海峡植民地貿易

(単位：千円)

年度	輸出	輸入	貿易収支	貿易（輸出＋輸入）	貿易指数
1902	8270	1674	6596	9944	100
1903	7109	1323	5786	8432	84.8
1904	5271	2726	2545	7997	80.4
1905	4424	3398	1026	7822	78.7
1906	4034	2468	1566	6502	65.4
1907	5768	3062	2706	8830	88.8
1908	5344	2702	2642	8046	80.9
1909	5662	2972	2690	8634	86.8
1910	6550	4616	1934	11166	112
1911	7106	4817	2289	11923	120
1912	8891	4721	4170	13612	137
1913	10142	5205	4937	15347	154
1914	9130	4091	5039	13221	133
1915	12640	5356	7284	17996	181
1916	18459	10737	7722	29196	294
1917	28024	15050	12974	43074	433
1918	42209	29324	12885	71533	719
1919	29844	28210	1634	58054	584
1920	35750	17137	18613	52887	532
1921	21740	23835	-2095	45575	458
1922	21342	18811	2531	40153	404
1923	20913	25371	-4458	46284	465
1924	22742	31776	-9034	54518	548
1925	44905	37004	7901	81909	824
1926	41497	39872	1625	81369	818
1927	36658	35873	785	72531	729
1928	20449	36581	-16132	57030	574
1929	27928	41634	-13706	69562	700
1930	26931	28919	-1988	55850	562
1931	19120	21858	-2738	40978	412
1932	25546	25338	208	50884	512
1933	46133	38772	7361	84905	854
1934	63320	63320	0	126640	1274
1935	48536	40648	7888	89184	897
1936	58770	41174	17596	99944	1005
1937	67433	67796	-363	135229	1360
1938	20696	54167	-33471	74863	753
1939	20426	46833	-26407	67259	676
1940	23491	53641	-30150	77132	776
1941	9049	16287	-7238	25336	255
1942	1598	1226	372	2824	28.4
1943	4520	17552	-13032	22072	222
1944	25084	17871	7213	42955	432
1945	2903	4304	-1401	7207	72.5

（注）貿易収支、貿易、貿易指数は、出所の資料より編者作成。
　　　貿易収支は1902年を100とする。
（出所）日本統計協会、日本長期統計総覧 第3巻、1988年、70ページ。

次に日本と海峡殖民地の主要貿易品目について見てみよう。表6には1905年から1939年までの5年毎の主要上位5輸出入品目が掲載されている。日本からの輸出では、1920年までは石炭が首位で、その他燐寸、陶磁器、人力車、ゴムタイヤ、綿織物、綿布など多様な商品が輸出された。第一次世界大戦時の戦乱により海峡殖民地の欧米からの輸入が途絶する一方日本からの輸入は急増した。1916年の通商公報の記事は開戦後に於ける本邦品輸入状況を各商店への実地調査を行い以下のように報告している[44]。「本邦品にして戦乱後特に輸入増加せしものは石炭、燐寸を初め衣類、琺瑯鐵器、氷酢酸、セメント、硝子、金物類、護謨類、麦酒、木製品、玩具等にして其獨墺品に代れると又歐洲よりの供給不足なるとに因るは言を俟たず。」1925年以降は綾木綿、縞木綿、人造絹織物、ポプリンやフランネルなどの綿布、綿織物などが主要輸出商品となった。日本からの主要上位5輸出品目が全輸出額に占める割合は、1925年から1935年にかけて20%から36%で推移し、より多種多様な商品が輸出されるようになった。一方、輸入では年度を問わず、ゴムが最大の輸入品目で、次に錫や鉄鉱、燐鉱石が主要輸入品目であった。

表6　日本から海峡植民地への輸出入主要貿易品 (1/2)

（単位：金額は円、但し1920, 1925, 1930年は千円表示、シェアは%）

輸出・輸入（1905・1910・1915）

		1905	金額	シェア	1910	金額	シェア	1915	金額	シェア
輸出	1	石炭 塊炭	1730302	39.1	石炭(塊)	1994098	30.4	石炭 塊炭	3229270	25.6
	2	マッチ 安全製	1012462	22.9	マッチ 安全製	1252514	19.1	ゴムタイヤー	1460952	11.6
	3	人(力)車	137652	3.1	人力車	296247	4.5	マッチ 安全製	702526	5.6
	4	洋傘 綿布張	132505	3	洋傘 綿布張	209857	3.2	陶磁器	581207	4.6
	5	羽二重 平織	84025	1.9	乾魚 鰯(するめ)	193467	3	小麦粉	556369	4.4
		上位5品目小計	3096946	70	上位5品目小計	3946183	60.3	上位5品目小計	6530324	51.7
		輸出合計額	4424068	100	輸出合計額	6549661	100	輸出合計額	12639623	100
輸入	1	錫(塊及錠)	1536612	45.2	護謨及ギュタペルカ(生ノ)	1246488	27	インヂアラッパー及ガタパーチャ(生)	1727186	32.2
	2	熟皮 印度紅革	426756	12.6	錫(塊及錠)	1096315	23.8	錫	1430364	26.7
	3	生護謨	327006	9.6	樑綿	648757	14.1	亜鉛 屑及故	741365	13.8
	4	熟皮羊革	305865	9	生綿	517192	11.2	貝殻	530469	9.9
	5	生綿	192207	5.7	貝殻	243001	5.3	阿仙薬其他タンニン越幾斯	165399	3.1
		上位5品目小計	2788446	82.1	上位5品目小計	3751753	81.3	上位5品目小計	4594783	85.8
		輸入合計額	3397886	100	輸入合計額	4615981	100	輸入合計額	5355771	100

輸出・輸入（1920・1925・1930）

		1920	金額	シェア	1925	金額	シェア	1930	金額	シェア
輸出	1	石炭 塊炭	7815	21.9	綾木綿 (ドリル)	3230	7.2	人造絹織物 (交織ヲ含ム) 其ノ他	2778	10.3
	2	箱板及樽板	3090	8.6	縞木綿	2740	6.1	石炭	2538	9.4
	3	縞木綿	2018	5.6	陶磁器	2633	5.9	セメント	1509	5.6
	4	燐寸 安全製	1776	5	箱板及樽板	2260	5	其ノ他ノ綿布 天竺布	1473	5.5
	5	ゴムタイヤー	1698	4.7	石炭	2210	4.9	箱板及樽板	1338	5
		上位5品目小計	16397	45.9	上位5品目小計	13073	29.1	上位5品目小計	9636	35.8
		輸出合計額	35749	100	輸出合計額	44904	100	輸出合計額	26930	100
輸入	1	インヂアラッパー及ガタパーチャ(生)	8852	51.7	インヂアラッパー及ガタパーチャ(生)	26772	72.3	生インデイヤラッパー及生ガタパーチャ(生)	11615	40.2
	2	錫 塊及錠	3863	22.5	鐵鑛	3413	9.2	鐵鑛	10401	36
	3	貫綿	873	5.1	錫 塊及錠	3141	8.5	錫 塊及錠	2728	9.4
	4	貝殻	740	4.3	籐	888	2.4	穀粉及澱粉類 其ノ他	1164	4
	5	籐	433	2.5	石油(罐入)	413	1.1	亜鉛鑛	578	2
		上位5品目小計	14761	86.1	上位5品目小計	34627	93.6	上位5品目小計	26486	91.6
		輸入合計額	17137	100	輸入合計額	37004	100	輸入合計額	28918	100

19

表6 日本から海峡植民地への輸出入主要貿易品 (2/2)

(単位：金額は円、但し1920、1925、1930年は千円表示、シェアは%)

	1935	金額	シェア	1939	金額	シェア
輸出						
1	其ノ他ノ綿布 ポプリン	2968878	6.1	搓染モスリン ポプリン	2965717	14.5
2	石炭	2319570	4.8	石炭	1689823	8.3
3	綿織物（綿入ラ含ム）縮緬	1644151	3.4	人造絹織物（綿入ラ含ム）縮緬及壁織	1520618	7.4
4	金巾幅三十四吋以上	1394305	2.9	セメント	527874	2.6
5	絹織物（綿入ラ含ム）富士絹類	1279824	2.6	晒綿布 金巾（幅三十四吋以上）	500283	2.4
	上位5品目小計	9606728	19.8	上位5品目小計	7204315	35.3
	輸出合計額	48536105	100	輸出合計額	20426030	100
輸入						
1	生インデイヤラッパー及生ガタパーチヤ	24124941	59.4	インデイアラバー及ガタパーチヤ（生）	18998705	40.6
2	錫 塊及錠	9894866	24.3	燐鑛石	3964991	8.5
3	燐鑛石	1497011	3.7	其ノ他ノ油脂蝋及同製品	533871	1.1
4	鐵鑛 屑及故	613080	1.5	其ノ他ノ薬剤、化学薬及製薬	398524	0.9
5	其ノ他ノ鑛油 比重0.8017ヲ超エザルモノ	593468	1.5	籐	137421	0.3
	上位5品目小計	36723366	90.3	上位5品目小計	24033512	51.3
	輸入合計額	40647867	100	輸入合計額	46833198	100

注：シェアの計算は少数第一を四捨五入。

(出所) 大蔵省編纂、大日本外國貿易年表各年度版より作成。

20

表7と表8に日本と英領マレイの貿易の推移（1935〜1945年）と同主要貿易品（1935年と1939年）を参考までに掲載する[45]。

表7　日本－英領マレイ貿易

（単位：千円）

年度	輸出	輸入	貿易収支	貿易（輸出＋輸入）	貿易指数
1935	2413	28495	-26082	30908	100
1936	2441	39125	-36684	41566	134
1937	3866	47795	-43929	51661	167
1938	2181	46801	-44620	48982	158
1939	2004	69006	-67002	71010	230
1940	2436	74115	-71679	76551	248
1941	844	29705	-28861	30549	98.8
1942	39	2112	-2073	2151	7
1943	15080	82216	-67136	97296	315
1944	17158	65148	-47990	82306	266
1945	1057	42562	-41505	43619	141

（注）貿易収支、貿易、貿易指数は、出所の資料より編者作成。
　　　貿易収支は1935年を100とする。
（出所）日本統計協会、日本長期統計総覧 第3巻、1988年、71ページ。

　　1937年の海外経済事情は日本対英領馬来貿易概況を馬来貿易年表（Malaya Annual Summary of monthly returns of Foreign Imports and Exports and Shipping for the year ended 31st December 1936）により次のように報告している[46]。「一九三六年の英領馬来の對日本輸入額が年額百萬弗以上に在る商品としては綿布類、人絹織物、絹織物、石炭、乾鹽魚、綿製下着であり同百萬弗以以下五十萬弗以上のものとしては鰮罐詰、錫鑛、洋灰、琺瑯鐵器、亜鉛引鐵板、鍼力板、自轉車部品等であつて、是等が英領馬来の對日本重要輸入品と觀らる可きものである……次に輸出貿易品に就て觀るに一九三六年の對日本輸出品の太宗は以前護謨を第一とし其價格二千三百七十四萬五千弗に達し、馬来輸出總額の八分一厘に該當する、之に亞いで鐵鑛の六百三十萬二千弗、錫五百三十二萬四千弗、自動車油五百十萬千弗、燐酸石灰二百十一萬七千弗等の順位となる。」

21

表8　日本から英領マレイへの輸出入主要貿易品　1935年と1939年

(単位：金額は円、シェアは％)

	1935年	金額	シェア	1939年	金額	シェア
輸出						
1	其ノ他ノ機械（部分品及附属品ヲ含ム）	303391	12.6	綿織物全計	166609	8.3
2	鐵道機關車（鐵道機關車用炭水車ヲ含ム）	231359	9.6	鐵道機關車（鐵道機關車用炭水車ヲ含ム）	158400	7.9
3	内燃機關　（部分品及附属品ヲ含ム）	164221	6.8	其ノ他ノ金属	132252	6.6
4	其ノ他ノ綿布　ポプリン	123356	5.1	石炭	121702	6.1
5	絹織物（綿入ヲ含ム）縮緬	97036	4	其ノ他ノ爆發薬	103128	5.1
	上位5品目小計	919363	38.1	上位5品目小計	682091	34
	輸出合計額	2413274	100	輸出合計額	2004327	100
輸入						
1	鐵鑛	14970758	52.5	鑛及金属全計	49784316	72.1
2	インディアラッバー及ガタパーチャ（生）	12749341	44.7	インディアラッバー及ガタパーチャ（生）	19178184	27.8
3	其ノ他ノ鑛（マットポット及鑛滓ヲ含ム）	496284	1.7	其ノ他ノ護謨及樹脂	14025	0.02
4	其ノ他ノ薬剤化学薬及製薬	113504	0.4	パラフィン（其ノ他）	8468	0.01
5	セーゴ	88386	0.3	珈琲	7500	0.01
	上位5品目小計	28418273	99.7	上位5品目小計	68992493	99.9
	輸入合計額	28494732	100	輸入合計額	69006152	100

(出所) 大蔵省編纂、日本外國貿易年表1935年と1939年より編著者作成。

おわりに

　シンガポール領事報告は、今まで考察してきたように商品、貿易を中心としながらも、財政及経済、関税及条約、紹介、外国法規、農業、経済など多岐にわたる内容が掲載された。英領マラヤの 2 大主要輸出品である護謨と錫の動向だけではなく、石炭、新嘉坡米況、蘭貢米況、綿布など各商品のマーケティング情報、対本邦重要貿易商品、海峡植民地のシンガポール経済事情、ラテックスなどの産業調査を含む幅広い内容が網羅されている。

　領事報告は日本経済史研究にとって不可欠で重要な史料であるばかりではなく、海外各地の経済史研究・地域研究においても貴重である。最近になり東南アジアでの領事報告の目録と解説がフィリピンとタイの 2 カ国で作成され、領事報告を利用しやすい環境が整備されつつある[47]。また、『海外経濟事情』の前身として 1925 年 1 月 6 日付けから 1928 年 3 月 31 日付けまで刊行された『日刊　海外商報』の復刻版には、高嶋(2005)の解説があり、詳細な刊行状況、大正末・昭和初年の在外公館網、領事報告の地域別分野別分析が掲載されている[48]。香港に関しては、濱下・李 (2014)による領事報告記事目録がある[49]。『海外經濟事情』の東南アジアの記事目録の整備状況は、注の文献を参考にされたい[50]。

　東南アジアの経済史研究において領事報告は多くの視点から、今後活用できると思われる。貿易や商業の面では英国の領事報告とともに、シンガポール公文書館の資料を利用すれば、1930 年代に世界恐慌の影響から安価で購入しやすい本邦製品が、東南アジアの各市場で欧米製品といかに競合し浸透していったのか、調査することができよう。また、日本の領事報告も東南アジアの国々や香港で記事の目録が作成されてきたことから、特定のテーマで、例えばタイ、フィリピン、シンガポールなどを対象に比較して調査・研究することが期待される。

---

[1] 領事館の開設の経緯は、角山編著（1986）の資料編に領事任命・領事館設置日時と領事館管轄区域が書かれている。同資料によれば明治 12 年 4 月 8 日に胡璇澤を名誉総領事に任命するが、胡が死去したため明治 13 年 12 月 28 日に領事館を閉鎖、明治 18 年 5 月 18 日に領事館設置を決定するが実現せず、明治 21 年 12 月 13 日に中川恒次郎を領事代理に任命との記述がある（角山編, 1986, 489 頁）。領事館管轄区域は明治 33 年 12 月 27 日、外務省令第 5 号で新嘉坡島、彼南島、「プロビンス・オブ・マラッカ」、明治 42 年 3 月 6 日、外務省令 1 号で英領海峡植民地及「マレー」聯邦となった（角山, 1986, 509, 517 頁）。シンガポール日本人会の資料では、シンガポール領事館は 1889 年（明治 22 年）1 月 22 日に再開され、総領事館に昇格したのは、1919 年（大正 8 年）5 月 31 日、開戦のため引き揚げ，総領事館閉鎖は 1941 年（昭和 16 年）12 月 23 日となっている（シンガポール日本人会・史蹟資料部、2004、77 頁）。

[2] 大正 4 年の外務省年鑑では、大正 4 年(1915 年)7 月省令第 1 號で新嘉坡帝國領事管轄區域は、英領海峡植民地、馬來聯邦竝英國保護領「ジョホール」、「トレンガヌ」、「ケランタン」及「ケダー」各州　「ボルネオ」島中英領北「ボルネオ」竝英國保護領「サラワク」及「ブルネー」と定められた（外務大臣官房人事課　、大正 4 年、32 頁）。

[3] 英領マラヤに関する日本領事館の管轄区域の変遷は清水（2006, 218-220 頁）を参照。その他のオランダ領東インド、仏領インドシナ、シャムおよびフィリピンの管轄区域の変遷は、清水（2006, 220-223 頁）を参照されたい。

[4] 『通商彙纂』の前身は明治 15 年 7 月に刊行された『通商彙編』（1881-86 年）であり、それは明治 19 年度から『通商報告』（1886-89 年）に継承された。また、明治 23 年 1 月からは『官報』に掲載さ

れ、明治 26 年 12 月まで続いた。

5 早瀬晋三 (2003、5 頁)。

6 復刻版の『通商彙纂』は、不二出版 (1989-)、『通商公報』は、不二出版 (1997-)、『日刊海外商報は、不二出版 (2005-2006) を参照。なお、『通商公報』の復刻版には、解説・総索引 1～4 があり、記事の検索に便利である。

7 解説の『通商彙纂』、『通商公報』、『日刊海外商報』、『海外経済事情』の表 1～4 の件数と分類は、新嘉坡領事館から報告された件数である。『通商彙纂』は目録 (角山栄・高嶋雅明監修、1983) をベースに原本や復刻版の記事の題目と分類を確認した。一部不備や不明確な号数や分類がある。『通商公報』、『日刊海外商報』、『海外経済事情』には各索引があり、原本や復刻版の記事の題目と分類を照合し索引に掲載されていない記事も多数網羅している。巻末の記事目録については、参考文献の後にある説明を参照されたい。

8 蘭貢米況は、1905 年から 1910 年にかけて集中している。また数は少ないが蘭領東インドに関する記事が 1898 年から 1906 年にかけて見られる。

9 南原真編 (2019)を参照。

10 「馬来聯邦國護謨栽培業状況」、通商彙纂、第 33 號 (明治 39 年 6 月 3 日発行)、27-42 頁。「馬来半島ニ於ケル護謨事業 「四十二年十一月調」」、通商彙纂、第 6 號 (明治 43 年 2 月 1 日発行)、1-35 頁。護謨樹については、「護謨樹ノ栽培『一』」、通商彙纂、第 10 號 (明治 44 年 2 月 20 日発行)、42-55 頁、「護謨樹ノ栽培『二』」、通商彙纂、第 16 號 (明治 44 年 3 月 20 日発行)、42-44 頁。「馬来半島護謨栽培事業」通商彙纂、第 18 號 (明治 45 年 3 月 1 日発行)、51-64 頁。

11 「海峡殖民地ニ於ケル本邦圓銀輸入禁止後状況」通商彙纂、第 146 號 (明治 32 年 9 月 28 日発行)、47-50 頁。「英領海峡殖民地三十三年中金融情況」通商彙纂、第 202 號 (明治 34 年 11 月 10 日発行)、67-83 頁。「在倫敦海峡殖民地貨幣調査委員会ノ報告」通商彙纂、改 20 號 (明治 36 年 7 月 3 日発行)、32-41 頁。

12 「新嘉坡ニ於ケル本邦商品標本陳列所」、通商彙纂、第 165 號 (明治 33 年 3 月 18 日発行)、7-17 頁。「新嘉坡輸入日本品商況並ニ其集散分布概況」、通商彙纂、第 66 號 (明治 39 年 11 月 8 日発行)、1-10 頁。「新嘉坡ニ於ケル本邦製人力車ニ關スル調査」、通商彙纂、第 60 號 (明治 38 年 10 月 18 日発行)、11-14 頁。

13 「新嘉坡近況」、通商彙纂、第 25 號 (明治 42 年 5 月 5 日発行)、1-12 頁。「馬来半島事情」、通商彙纂、第 14 號 (明治 44 年 3 月 10 日発行)、76-84 頁。

14 商務官制度については、本宮 (1990)を参照。

15 日本炭については、「新嘉坡に於ける石炭需給と日本炭」、通商公報、第 22 巻 第 537 號 (大正 7 年 7 月 22 日発行) 278-80 頁。

16 「歐米商品に代わるべき本邦商品 『海峡殖民地』」、通商公報、第 7 巻 第 160 號 (大正 3 年 10 月 26 日発行) 295-96 頁。

17 「重要本邦品輸入状況『馬来』」、通商公報、第 41 巻 第 1055 號 (大正 12 年 5 月 11 日発行) 1-74 頁。

18 「新嘉坡に於ける硝子器需要状況」、通商公報、第 35 巻 第 899 號 (大正 10 年 12 月 22 日発行) 1--21 頁。

19 「新嘉坡に於ける貨幣及金融機關」、通商公報、第 14 巻 第 345 號 (大正 5 年 8 月 28 日発行) 726-34 頁。

20 記事目録の 1914 年 (大正 3 年) 4—6 月の「南洋の水産 『其一～一六』」を参照されたい。

21 「海峡殖民地に於ける漁業」、通商公報、第 20 巻 第 484 號 (大正 7 年 1 月 17 日発行) 116-24 頁。

22 「新嘉坡商品陳列館規程並出品規則」、通商公報、第 22 巻 第 535 號 (大正 7 年 7 月 15 日発行) 220-22 頁、新嘉坡商品陳列館規定及出品規則改正」、通商公報、第 25 巻 第 620 號 (大正 8 年 5 月 19 日発行) 645 頁。なお、南洋協会 南洋協會新嘉坡商品陳列館が発行した『新嘉坡市場に於ける日本商品』は、新嘉坡学生会館第一回生に 1919 年当時の日本商品 28 品目を調査させた報告書である。

23 「新嘉坡及馬来半島に於ける勞働者並勞銀」、通商公報、第 14 巻 第 352 號 (大正 5 年 9 月 21 日発行) 1036-39 頁。

24 「英領北ボルネオ事情『其一』」、通商公報、第 13 巻 第 310 號 (大正 5 年 4 月 27 日発行) 342-53 頁。「英領北ボルネオ事情『其二』」、通商公報、第 13 巻 第 311 號 (大正 5 年 5 月 1 日発行) 392-99 頁。「英領北ボルネオ事情『其三』」、通商公報、第 13 巻 第 312 號 (大正 5 年 5 月 4 日発行) 436-51 頁。英領北ボルネオ事情『其四』」、通商公報、第 13 巻 第 313 號 (大正 5 年 5 月 8 日発行) 478-97 頁。「クオラ・ランポー市事情」、通商公報、第 44 巻 第 1129 號 (大正 13 年 2 月 4 日発行) 25-32 頁。「ケランタン並トレンガヌ州事情」、通商公報、第 44 巻 第 1145 號 (大正 13 年 3 月 27 日発行) 40-46 頁。

25 不二出版 (2005) は解説と総目次が掲載され，記事内容の館別や類別の検索に便利である。

26 前者は日刊海外商報，第 96 號 (大正 14 年 4 月 12 日發行)，44-54 頁，後者は第 160 號 (大正 14 年 6

月 14 日發行)，44-49 頁，にそれぞれ掲載されている。

27 「清涼飲料水需給状況（英領馬来）」，日刊海外商報，第 4 號（大正 14 年 1 月 10 日發行），1-4 頁。「各種電気器具需要状況（新嘉坡）」，日刊海外商報，第 125 號（大正 14 年 5 月 10 日發行），6-11 頁。「青果物需給状況（英領馬来）」，日刊海外商報，第 1008 號（昭和 2 年 11 月 13 日發行），1134-36 頁。

28 「自轉車需給状況（新嘉坡）」，日刊海外商報，第 143 號（大正 14 年 5 月 28 日發行），8-10 頁。「人力車需給状況（新嘉坡）」，日刊海外商報，第 230 號（大正 14 年 8 月 22 日發行），11-12 頁。

29 「欧米商人の小雑貨賣込振（新嘉坡）」，日刊海外商報，第 49 號（大正 14 年 2 月 24 日發行），11-14 頁。「米國品の東洋市場急進出（新嘉坡）」，日刊海外商報，第 149 號（大正 14 年 6 月 3 日發行），14-15 頁。

30 「英領馬来諸工業状況」，日刊海外商報，第 168 號（大正 14 年 6 月 21 日發行），43-53 頁。

31 「新嘉坡港灣状況」，日刊海外商報，第 153 號（大正 14 年 6 月 7 日發行），35-46 頁。

32 この件数は著者がシンガポール領事報告の記事件数を一橋大学図書館にある原本の記事題名、目次、索引から計算した数字である。注意すべき点は、索引の記事数と実際に掲載された記事数とが年度により一致しないことが判明した。これは例えば索引の分類で貿易と財経にそれぞれ 1 本ずつ、「シンガポール経済事情」の記事タイトルで 2 件（同号で同頁）掲載されているが、実際記事に掲載されたのは 1 件であった。また、貿易の分類で「馬來貿易額」と財経で「新嘉坡経済情報」が同号同頁で 2 件掲載されているが、記事には「馬來貿易額竝新嘉坡経済情報」として 1 件の報告となっている場合もある。表 1 の分類で貿易・財経欄に昭和 8 年(1933 年)に 7 件、昭和 9 年(1934 年)に 7 件とあるのは、これらの理由による。従来の領事報告の索引の分類には、貿易・財経欄は記述されていなかったが、著者が表 1 作成のためこの分類を設けた。また、索引に掲載されていない記事が 46 號（昭和 7 年 11 月 21 日發行）の本文中（40-44 頁）にあったため、表 4 に未分類の項目加えた。24 號（昭和 9 年 6 月 18 日發行）では索引の記事名（馬來對日貿易額）と実際の記事名（馬來貿易額）が異なっている。

33 『外務省通商局日報』は、昭和 10 年（1935 年）1 月より昭和 18 年(1943 年)10 月まで日曜を除く日刊紙として発行され、1935 年上半期（1—6 月）のページ数は合計で 980 ページと高嶋（1979, 84 頁）は報告している。

34 詳細については、本文に掲載されている記事目録の中の報告者に通商局と明記されているものを参照されたい。

35 「英領マレイ對外貿易状況（一九二九年）」、海外経済事情、第 3 第 4, 50 號（昭和 5 年 12 月 15 日發行）、46-9 頁。

36 同上、47-8 頁。この輸出入額は積替による貿易額は除外すると明記されている。

37 「シンガポール港貿易概況（一九二九年）」、海外経済事情、第 3 年, 20 號（昭和 5 年 5 月 19 日發行）、50 頁。

38 「石炭市況（シンガポール）『一九三二年九月』）」、海外経済事情、第 5 年, 51 號（昭和 7 年 12 月 26 日發行）、66 頁。

39 「本邦製婦人用絹靴下販路擴張策（英領マレイ）」、海外経済事情、第 2 年, 3 號（昭和 4 年 4 月 15 日發行）、6-10 頁。

40 「バター需給状況（英領馬來）」海外経済事情、第 6 年第 26 號(昭和 8 年 7 月 3 日發行)27-33 頁。「ミルク取引状況（英領馬來）」海外経済事情、昭和 11 年第 22 號（昭和 11 年 11 月 25 日發行）64-74 頁。「薄荷需給状況（英領マレイ）」海外経済事情、第 3 年第 5 號（昭和 5 年 2 月 3 日發行）43-8 頁。「英領マレイに於ける建築材料市場」海外経済事情、第 3 年第 3 號（昭和 5 年 1 月 20 日發行）26-32 頁。

41 例えば、「ラテックスに関する調査」海外経済事情、第 22 號（昭和 3 年 8 月 13 日發行）23-8 頁「護謨界最近の動揺と需給の現状（新嘉坡）」海外経済事情、第 4 號（昭和 3 年 4 月 23 日發行）15-8 頁。「マレイ護謨産業概況（1930 年）」海外経済事情、第 5 年第 14 號（昭和 7 年 4 月 11 日發行）26-30 ページ。「英領マレイ護謨産業状況（一九三一年）」海外経済事情、第 6 年第 17 號（昭和 8 年 5 月 1 日發行）22-8 頁。「ゴム市場管理の可能性に就て」海外経済事情、第 3 年第 30 號（昭和 5 年 7 月 28 日發行）1-16 頁。

42 例えば、「英領マレイに於けるオイルパーム『其 2』」海外経済事情、第 2 年第 18 號（昭和 4 年 7 月 22 日發行）27-35 頁。「英領マレイに於けるオイルパーム『其一』」海外経済事情、第 2 年第 19 号（昭和 4 年 7 月 29 日發行）29-33 頁。「馬來オイルパーム事業状況（一九三六年）」海外経済事情、第 16 號（昭和 12 年 8 月 25 日發行）38-40 頁。

43 「海峡殖民地四十二年度貿易年報」通商彙纂、第 60 號（明治 44 年 10 月 10 日發行）、42 頁。

44 「海峡殖民地近況」通商公報、第 296 號（大正 5 年 3 月 9 日發行）、829-830 頁。

45 表 8 の 1939 年の主要輸入品目は、2 位以下の品目は小計分類ではなく各品目から作成した。小計分類では鉱及金属計が 49,784,316 円、次に薬材、化学薬、製薬及爆発薬計が 19,192,496 円、油脂蝋及

同製品計が 8,470 円、飲食物及煙草計が 7,593 円、穀物、穀粉、澱粉類及種子計が 6,635 円と記述されている。鉱及金属計の内訳は掲載されていない。

46 「英領馬来貿易年報（一九三六年）」海外經濟事情、第 10 號（昭和 12 年 5 月 25 日発行）、75-76 頁。
47 フィリピンに関しては、早瀬編（2003）、タイは南原編（2019b）を参照されたい。また、東南アジアの領事報告の分析として、中村（1994, 1996）がある。
48 復刻版は不二出版から 2005 年から出版されており、全 15 巻・別冊 1 の構成となっている。高嶋（2005）の解説は別冊の解説・総目次に収録されている。また同出版は、通商彙纂の復刻版全 185 巻、通商公報の復刻版全 145 巻と解説・総索引全 4 巻を出している。
49 濱下・李（2014）の領事報告記事目録は 1882-1924 年までとなっている。
50 仏領インドシナは南原（2016）、ビルマは南原（2018）、蘭領東インドは南原（2019a）がある。また『通商公報』の蘭領東インドは南原（2020）を参照。

参考資料

外務省大臣官房人事課編（大正 4 年）『大正 4 年　外務省年鑑』クレス出版　1999（復刻版）
シンガポール日本人会・史蹟資料部、（2004）『戦前シンガポールの日本人社会―写真と記録―改訂版』シンガポール日本人会。
清水元（2006）「近代日本の海外通商情報戦略と東南アジア」末廣昭編『「帝国」日本の学知』岩波書店、205-237 頁
高嶋雅明（1979）「領事報告制度と『領事館報告』について」『経済理論』（和歌山大学経済学会）168 号（1979 年 3 月）、62-85 頁。
高嶋雅明（2005）『日刊　海外商報』解説・総目次　不二出版、3-11 頁。
角山栄編著（1986）『日本領事報告の研究』、同文舘。
中村宗悦（1994）「戦間期日本の通商情報―"東南アジア新市場"に関する「領事報告」の分析」『杉野女子大学・杉野女子大学短期大学紀要』（通号 31）、37-54 頁。
中村宗悦（1996）「戦間期東南アジア新市場における在外公館とその機能」　松本貴典編　『戦前期日本の貿易と組織間関係』新評論、311-340 頁。
南原真（2016）「日本領事報告掲載の仏領インドシナ関係記事の概要と特徴―1928 年-1940 年―」147-188 頁『東南アジアのグローバル化とリージョナル化 IV』アジア研究所・アジア研究シリーズ No.89. 亜細亜大学アジア研究所。
南原真（2018）「日本領事報告掲載のビルマ関係記事の概要と特徴―1928 年-1943 年―」161-204 頁『経済共同体創設後の ASEAN の課題』アジア研究所・アジア研究シリーズ No.95. 亜細亜大学アジア研究所。
南原真（2019a）「日本領事報告掲載の蘭領東インド（インドネシア）関係記事の概要と特徴―1928 年から 1942 年―」『東京経大学』第 301 号、109-190 頁。
南原真編（2019b）『「領事報告」掲載タイ（暹羅）関係記事目録 1885-1943 年』、三恵社。
南原真（2020）「通商公報（領事報告）掲載の蘭領東インド（インドネシア）関係記事の概要と特徴―1913 年-1924 年―」223-270 頁『創設 50 周年を迎えた ASEAN の課題と展望』アジア研究所・アジア研究シリーズ No.101. 亜細亜大学アジア研究所。
南洋協會新嘉坡商品陳列舘（1919）『新嘉坡市場に於ける日本商品』
早瀬晋三編（2003）『「領事報告」掲載フィリピン関係記事目録 1881-1943 年』、龍渓書舎。
濱下武志・李培德監修・解説（2014）『香港関係日本外交文書及び領事報告資料』　香港都市案内集成　第 12 巻　ゆまに書房。
本宮一男（1990）「第一次大戦前後における商務官制度の展開」『外交史料館報』第 3 号、13-36 頁。

記事目録と索引について

　本文の末に掲載されている記事目録は、記事の題名や分類等は原文の通り旧字体を利用したが、一部常用漢字になっている。原文の年号月日は漢字表記であるが、アラビア数字に統一した。ただし記事の題目は原文の漢字表記にしている。

文中の表1～4の件数は、シンガポール領事館の報告件数である。

　目録に記載されている記事は，各年度の四半期毎の索引を元に原本や復刻版と確認して作成した。主にシンガポール領事館が報告した件数に外務省通商局が各領事館に依頼し作成された特定のテーマで横断的な調査報告も網羅されている。例えば「海外各地に於ける燐寸」などは数多くの国や地域が表記されているが、目録には新嘉坡，海峡植民地，英領マラヤなど該当地域やアジアの箇所を掲載している。さらに外務省通商局が独自に作成した記事も追加して収録した。例えば「南洋の水産」などがある。

　本文の末に掲載されている海外経済事情の記事目録は、表4の451件に外務省通商局の報告9件を追加した460件となっている。目録の分類も表4の分類と同じにしたため、原文の索引分類にはない貿易・財經が入っている。表4で未分類と表記されている題目1件の分類は、空欄とした。

　この記事目録には掲載していないが、サンダカン総領事館の報告が昭和14年（1939年）に5件（北ボルネオ、サラワク）、昭和15年（1940年）に4件（北ボルネオ、ブルネイ）、昭和16年（1941年）に1件（北ボルネオ）ある。

　索引（地名と項目）は当用漢字ではなく常用漢字で表記した。また、一部読み方や矢印で意味を付け加えている。

1. 『通商報告』1889年

号数 発行日	ページ	報告者	報告題目	分類

1889年（明治22年）

号数 発行日	ページ	報告者	報告題目	分類
99 明治22年2月25日	11-12頁	本年1月22日附在新嘉坡帝國領事館報告	新嘉坡ニ於ケル輸出入品ノ商況	雑貨
101 明治22年3月14日	13-17頁	本年1月26日附在新嘉坡帝國領事館報告	新嘉坡ノ氣候及其他商業ニ関スル報告	雑録
102 明治22年3月25日	9-11頁	本年2月19日附在新嘉坡帝國領事館報告	新嘉坡ニ於ケル石炭及其他雑貨商況	雑貨
103 明治22年4月6日	23-24頁		新嘉坡貿易品景況	貿易統計
104 明治22年4月16日	12-14頁	本年3月5日附在新嘉坡帝國領事館報告	新嘉坡市場雑貨商況	雑貨
104 明治22年4月16日	15-16頁	本年2月24日附在新嘉坡帝國領事館報告	印度錫蘭島ノ茶箱ニ就キ木材商ノ注意	雑録
104 明治22年4月16日	16頁	本年2月28日附在新嘉坡帝國領事館報告	三瀛船會社孟買ト支邦日本間ノ運賃ヲ協定ス	雑録
104 明治22年4月16日	17-20頁		新嘉坡貿易景況	貿易統計
105 明治22年4月27日	17-18頁	本年3月22日附在新嘉坡帝國領事館報告	新嘉坡ニ於ケル薬材景況	雑貨
105 明治22年4月27日	20-21頁	本年3月20日附在新嘉坡帝國領事館報告	暹羅及緬甸産チーク木輸入ノ計畫	雑録
105 明治22年4月27日	21頁	本年3月15日附在新嘉坡帝國領事館報告	佛領東京石炭礦ノ開掘	雑録
109 明治22年5月20日	6-8頁	本年4月16日附在新嘉坡帝國領事館報告	新嘉坡ニ於ケル輸出入品ノ景況	雑貨
109 明治22年5月20日	12頁	本年4月5日附在新嘉坡帝國領事館報告	甘蔗製ノ洋紙	雑録
110 明治22年5月28日	3-4頁	本年5月1日附在新嘉坡帝國領事館報告	印度ニ於ケル棉業ノ景況	綿花
110 明治22年5月28日	12-13頁	本年4月20日附在新嘉坡帝國領事館報告	新嘉坡ニ於ケル輸出入品ノ商況	雑貨
113 明治22年6月23日	9-11頁	本年5月10日付在新嘉坡帝國領事館報告	新嘉坡ニ於ケル輸出入品ノ商況	雑貨
114 明治22年6月28日	12頁	本年5月25日附在新嘉坡帝國領事館報告	石油脉發見	雑録
116 明治22年7月15日	7頁	本年6月3日付在新嘉坡帝國領事館報告	錫蘭島茶業ノ進歩	製茶
119 明治22年8月14日	14-15頁	本年6月22日付在新嘉坡帝國領事館報告	新嘉坡ニ於ケル輸出入品ノ商況	雑貨
119 明治22年8月14日	15-16頁	本年7月1日付在新嘉坡帝國領事館報告	本年第一季間新嘉坡ニ於ケル重要品輸出入景況	雑貨
121 明治22年9月2日	5-6頁	本年7月20日附在新嘉坡帝國領事館報告	孟買ノ綿花商況	綿花
124 明治22年9月30日	11-13頁	本年8月30日付在新嘉坡帝國領事館報告	新嘉坡ニ於ケル未製護謨取引ニ關スル報告	雑録
125 明治22年10月11日	11-17頁	本年8月15日付在新嘉坡帝國領事館報告	スマトラ島デリー地方煙草業ノ景況	雑録
130 明治22年12月10日	7-8頁	本年9月30日付在新嘉坡帝國領事館報告	孟買ノ棉花景況	綿花
131 明治22年12月18日	6-7頁	本年10月26日付在新嘉坡帝國領事館報告	孟買棉花商況	綿花
131 明治22年12月18日	12-13頁	本年10月26日付在新嘉坡帝國領事館報告	新嘉坡ニ於ケル壚?ノ景況	雑貨
131 明治22年12月18日	13-15頁	本年10月1日付在新嘉坡帝國領事館報告	孟買製糸家就業時間ノ減縮	雑録

2. 『官報　鈔存通商報告』1890−93年

1890年（明治23年）

官報掲載日	ページ	報告者	報告題目	分類
1954 明治23年1月7日	40-42頁	22年11月2日附在新嘉坡帝國領事館報告	英領印度ニ於ケル米穀輸出景況	米穀
1956 明治23年1月9日	31頁	22年11月2日附在新嘉坡帝國領事館報告	英領印度製茶輸出高	製茶
1958 明治23年1月11日	74-79頁	22年11月2日附在新嘉坡帝國領事館報告	英領印度通商概況千八百八十八年度中	貿易統計
1960 明治23年1月14日	13-14頁	22年11月2日附在新嘉坡帝國領事館報告	英領印度棉花景況	棉花
1961 明治23年1月15日	63-64頁	22年11月2日附在新嘉坡帝國領事館報告	英領印度綿業ノ進歩	雑録
1968 明治23年1月23日	26-27頁	22年12月7日附在新嘉坡帝國領事館報告	孟買棉花商況	棉花
1978 明治23年2月5日	19頁	22年12月10日附在新嘉坡帝國領事館報告	新嘉坡商況	雑貨
1993 明治23年2月24日	4-5頁	本年1月20日付在新嘉坡帝國領事館報告	孟買棉花景況	棉花

2031 明治23年4月11日	39頁	（本年3月24日付在新嘉坡駐在帝國領事代理中川恒次郎報告）	新嘉坡米穀商況	米穀
2042 明治23年4月24日	31-33頁	（本年3月5日付在新嘉坡駐在帝國領事代理中川恒次郎報告）	錫蘭島茶況　千八百八十九年中	製茶
2052 明治23年5月6日	32頁	（本年4月15日付在新嘉坡駐在帝國領事代理中川恒次郎報告）	新嘉坡米穀商況	米穀
2069 明治23年5月26日	37頁	（本年4月30日付在新嘉坡駐在帝國領事代理中川恒次郎報告）	新嘉坡米穀商況	米穀
2078 明治23年6月3日	13頁	（本年5月8日付在新嘉坡駐在帝國領事代理中川恒次郎報告）	新嘉坡米穀商況	米穀
2135 明治23年8月11日	42-43頁	（本年7月10日付在新嘉坡駐在帝國領事代理齊藤幹報告）	新嘉坡貿易景況（本年第一季間）	貿易統計
2139 明治23年8月15日	23-24頁	（本年7月10日付在新嘉坡駐在帝國領事代理齊藤幹報告）	新嘉坡米穀商況	米穀
2243 明治23年12月18日	74-5頁	（本年11月9日付在新嘉坡駐在帝國領事代理齊藤幹報告）	新嘉坡貨物相場	

1891年（明治24年）

2284 明治24年2月13日	123-24頁	（23年12月20日新嘉坡駐在帝國領事代理書記生齊藤幹報告）	新嘉坡及比隣地方貿易景況	
2289 明治24年2月19日	129頁	（24年1月8日新嘉坡駐在帝國領事代理書記生齊藤幹報告）	新嘉坡貿易景況	
2317 明治24年3月25日	162-63頁	（24年2月15日新嘉坡駐在帝國領事代理書記生齊藤幹報告）	新嘉坡商況	
2347 明治24年4月30日	211頁	（24年3月23日新嘉坡駐在帝國領事代理書記生齊藤幹報告）	新嘉坡ニ於ケル日本品ノ輸出入　昨年第四期	
2359 明治24年5月14日	227頁	（24年3月24日新嘉坡駐在帝國領事代理書記生齊藤幹報告）	新嘉坡雑貨價格	
2395 明治24年6月25日	277-79頁	（24年5月10日新嘉坡駐在帝國領事代理書記生齊藤幹報告）	新嘉坡貿易景況	
2444 明治24年8月21日	325-26頁	（24年7月7日新嘉坡駐在帝國領事代理書記生齊藤幹報告）	新嘉坡貿易景況	
2487 明治24年10月12日	365頁		ペナン米價騰貴ノ電報	
2511 明治24年11月11日	386頁	（24年10月10日新嘉坡駐在帝國領事代理書記生齊藤幹報告）	ペナン米價騰貴ノ原因	
2524 明治24年11月27日	396-98頁	新嘉坡駐在帝國領事代理書記生齊藤幹報告	英領海峡植民地貿易景況　二十三年中	
2525 明治24年11月28日	398-99頁	新嘉坡駐在帝國領事代理書記生齊藤幹報告	英領海峡植民地貿易景況　二十三年中	
2526 明治24年11月30日	400-1頁	新嘉坡駐在帝國領事代理書記生齊藤幹報告	英領海峡植民地貿易景況　二十三年中	

1892年（明治25年）

2558 明治25年1月13日	8頁	（24年12月13日新嘉坡駐在帝國領事代理書記生齊藤幹報告）	新嘉坡ノ米穀缺乏	
2559 明治25年1月14日	9頁	（24年12月14日新嘉坡駐在帝國領事代理書記生齊藤幹報告）	新嘉坡米價騰貴	
2561 明治25年1月16日	12-13頁	（24年11月9日新嘉坡駐在帝國領事代理書記生齊藤幹報告）	新嘉坡商況	
2605 明治25年3月10日	57-58頁	（本年1月25日新嘉坡駐在帝國領事代理書記生齊藤幹報告）	新嘉坡ニ於ケル貨物輸出高	
2629 明治25年4月7日	82頁	（本年2月23日新嘉坡駐在帝國領事代理書記生齊藤幹報告）	印度地方米穀景況	
2691 明治25年6月18日	148頁	（本年4月8日新嘉坡駐在帝國領事代理書記生齊藤幹報告）	スマトラ島烟草栽培景況	
2742 明治25年8月17日	218-20頁	新嘉坡駐在帝國領事代理書記生齊藤幹報告　日時は掲載なし	英領海峡植民地貿易景況　二十四年中	
2748 明治25年8月24日	226頁	（本年7月10日新嘉坡駐在帝國領事代理書記生齊藤幹報告）	ペナン石炭鑛發見	
2794 明治25年10月19日	301-2頁	（本年9月10日新嘉坡駐在帝國領事代理書記生齊藤幹報告）	新嘉坡ニ於ケル籐取引ニ関スル件	
2795 明治25年10月20日	303-5頁		新嘉坡ニ於ケル籐取引ニ関スル件	
2798 明治25年10月24日	311頁	（本年9月20日新嘉坡駐在帝國領事代理書記生齊藤幹報告）	スマトラ島烟草輸出景況	
2800 明治25年10月26日	313頁	（本年9月20日新嘉坡駐在帝國領事代理書記生齊藤幹報告）	南洋諸島景況	
2839 明治25年12月13日	350頁	（本年11月7日新嘉坡駐在帝國領事代理書記生齊藤幹報告）	メルギー諸島眞珠貝其他採取	
2845 明治25年12月20日	355頁	（本年11月25日新嘉坡駐在帝國領事代理書記生齊藤幹報告）	メルギー地方錫金及石炭抗開掘	

1893年（明治26年）

2887 明治26年2月16日	61頁	（26年1月20日新嘉坡駐在帝國領事代理書記生齊藤幹報告）	コヽー諸島支配官ノ任命	
2889 明治26年2月18日	66-67頁	（26年1月20日新嘉坡駐在帝國領事代理書記生齊藤幹報告）	スマトラ「ランカート」石油會社景況	
2896 明治26年2月27日	78-79頁	（26年1月27日新嘉坡駐在帝國領事代理書記生齊藤幹報告）	銀貨問題ニ関スル海峡植民地商業会議所ノ決議	

2906	明治26年3月10日	94頁	（26年2月4日新嘉坡駐在帝國領事代理書記生齊藤幹報告）	人力車製造者ノ注意スヘキ件	
2922	明治26年3月30日	122頁	（26年3月29日新嘉坡駐在帝國領事代理書記生齊藤幹電報）	マラッカニ於ケル虎列刺發生	
2938	明治26年4月19日	153-54頁	（26年3月29日新嘉坡駐在帝國領事代理書記生齊藤幹報告）	マラッカニ於ケル虎列刺發生詳報	
2940	明治26年4月21日	157頁	（26年3月31日新嘉坡駐在帝國領事代理書記生齊藤幹報告）	マラッカニ於ケル虎列刺發生續報	
2954	明治26年5月8日	185頁	（26年4月14日新嘉坡駐在帝國領事代理書記生齊藤幹報告）	マラッカニ於ケル虎列刺續報	
3018	明治26年7月21日	311-12頁	（26年6月20日新嘉坡駐在帝國領事代理書記生齊藤幹報告）	二十五年中英領海峽植民地三港貿易景況	
3031	明治26年8月5日	340頁	（26年6月20日新嘉坡駐在帝國領事代理書記生齊藤幹報告）	二十五年中英領海峽植民地三港ニ於ケル日本品ノ商況	
3082	明治26年10月5日	424頁	（26年9月1日新嘉坡駐在帝國領事代理書記生齊藤幹報告）	二十五年中暹羅國貿易景況	
3113	明治26年11月13日	478頁	（26年10月2日新嘉坡駐在帝國領事代理書記生齊藤幹報告）	緬甸製油會社硫酸及苛性曹達使用高	
3127	明治26年11月30日	495-96頁	（26年9月14日新嘉坡駐在帝國領事代理書記生齊藤幹報告）	印度ニ於ケル藍靛景況	

３．『通商彙纂』1894－1913年
1894年（明治27年）
（自第1號至12號）

8	明治27年9月29日	商18-20頁	（27年6月27日付在新嘉坡領事館報告）	二十六年度暹羅國海外輸出入	商業ノ部
9	明治27年10月27日	商51頁	（27年8月8日付在新嘉坡領事館報告）	新嘉坡ニ於ケル米價表	商業ノ部
12	明治28年1月26日	商3-54頁	（27年11月16日付在新嘉坡領事館報告）	英領海峽殖民地ノ商況一班	商業ノ部

1895年（明治28年）
（自第13號至31號）

13	明治28年2月19日	關7-8頁	（27年12月27日付在新嘉坡領事館報告）	海峽殖民地麦酒類課税ニ付小賣相場ノ變動	關税ノ部
14	明治28年3月16日	商53-55頁	（28年2月11日付在新嘉坡領事館報告）	海峽殖民地輸入帽子ノ取調	商業ノ部
19	明治28年6月15日	雑2-4頁	（28年5月1日付在新嘉坡領事館報告）	蘭領蘇麻多拉島西北角「ブローウェー」新開港ノ件	雑件
24	明治28年9月2日	商45-61頁	（28年7月30日付在新嘉坡領事館報告）	二十七年中英領海峽植民地ノ商業	商業ノ部
28	明治28年11月1日	商15-28頁	（28年8月31日付在新嘉坡領事館報告）	二十七年中暹羅國貿易一班	商業ノ部
28	明治28年11月1日	貨1頁	（28年9月14日付在新嘉坡領事館報告）	佛領印度支那ニ於テ新「ピヤストル」ノ再鑄	貨幣ノ部
31	明治28年12月16日	商33-39頁	（28年10月21日付在新嘉坡領事館報告）	英領海峽植民地人力車需要ノ状況	商業ノ部
31	明治28年12月16日	農7-22頁	（28年10月5日付在新嘉坡領事館報告）	英,佛領,印度并暹羅米作ノ景況	農業
31	明治28年12月16日	雑1-21頁	（28年9月26日付在新嘉坡領事館報告）	二十七年中馬來由諸州行政年報摘譯	雑件

1896年（明治29年）
（自第32號至55號）

32	明治29年1月4日	商1-40頁	（28年10月3日付在新嘉坡領事館報告）	新嘉坡港商業習慣等一班	商業
33	明治29年1月15日	雑5-17頁		二十七年中馬來油諸州行政年報摘譯	雑件
34	明治29年2月1日	商1-9頁	（28年12月23日付在新嘉坡領事館報告）	佛領印度支那殖民地ノ貿易概況	商業
36	明治29年3月2日	關1頁	（29年1月18日付在新嘉坡領事館報告）	西貢港輸出米ノ増税并其商況	關税
41	明治29年5月15日	商57-63頁	（29年4月15日付在新嘉坡領事館報告）	英領北「ボル子ヲ」島貿易ノ概況	商業
42	明治29年6月1日	商34-38頁	（29年4月24日付在新嘉坡領事館報告）	新嘉坡ニ於ケル海産物ノ商況	商業
43	明治29年6月15日	商1-7頁	（29年4月28日付在新嘉坡領事館報告）	新嘉坡ニ於ケル臺灣樟脳並ニ茶ノ景況	商業
43	明治29年6月15日	雑6頁	（29年5月4日付在新嘉坡領事館報告）	蘭領「スマトラ」「プロ、ウェー」島「サバン」港ノ開港	雑件
47	明治29年8月15日	商16-18頁	（29年6月25日付在新嘉坡領事館報告）	新嘉坡ニ於ケル日本薬品ノ商況	商業ノ部
49	明治29年9月15日	交8-10頁	（29年8月6日付在新嘉坡領事館報告）	新嘉坡港船積ノ景況并同盟汽船會社運賃ノ引上	交通ノ部
51	明治29年10月15日	商43-48頁	（29年9月11日付在新嘉坡領事館報告）	「ラングーン」米騰貴ノ景況	商業ノ部
54	明治29年12月1日	商8-11頁	（29年10月14日付在新嘉坡領事館報告）	盤谷米ノ景況	商業ノ部
號外	明治29年11月2日	1-6頁	（29年8月6日付在新嘉坡領事館報告）	二十八年中暹羅國ノ外國貿易年報	商業

號外 明治29年12月28日	1-31頁	(29年9月3日付在新嘉坡領事館報告)	二八年度海峡殖民地貿易概況年報	號外
號外 明治29年12月28日	32-55頁	(29年8月31日付在新嘉坡領事館報告)	英國保護馬来諸國年報摘要	號外

1897年 （明治30年）
（自第56號至86號）

56 明治30年1月4日	商1-6頁	(29年9月23日付在新嘉坡領事館報告)	新嘉坡ニ於ケル琺瑯器并段通ノ商況調査	商業之部
56 明治30年1月4日	農7-8頁	(29年12月5日付在新嘉坡領事館報告)	「ラングーン」及暹羅米ノ景況	農業之部
56 明治30年1月4日	雑6頁	(29年12月5日付在新嘉坡領事館報告)	「スマトラ」新嘉坡石炭會社ノ設立	雑之部
63 明治30年4月15日	交6-7頁	(30年1月25日付在新嘉坡領事館報告)	新嘉坡汽船會社同盟運賃一定申合ノ件	交通之部
66 明治30年6月5日	79-80頁	(30年4月8日付在新嘉坡領事館報告)	海峡殖民地金銀輸出入	貨幣之部
70 明治30年7月15日	22-31頁	(30年5月31日付在新嘉坡領事館報告)	新嘉坡ニ於ケル烟草輸入ノ景況	商業之部
70 明治30年7月15日	64-69頁	(30年6月16日付在新嘉坡領事館報告)	千八百九十六年海峡殖民地船舶出入ノ景況	交通之部
71 明治30年7月26日	24-32頁	(30年6月16日付在新嘉坡領事館報告)	新嘉坡港ニ於ケル石炭ノ景況	商業之部
71 明治30年7月26日	62-63頁	(30年5月26日付在新嘉坡領事館報告)	同上之件（椰子樹栽培法）	農業之部
72 明治30年8月5日	49-54頁	(30年6月16日付在新嘉坡領事館報告)	二十九年中海峡植民地船舶出入ノ景況	交通之部
75 明治30年9月6日	33-34頁	(30年7月15日付在新嘉坡領事館報告)	五月分新嘉坡港石炭輸入景況	商業之部
75 明治30年9月6日	64-65頁	(30年6月11日付在新嘉坡領事館報告)	千八百九十六年麻六甲行政年報摘要	雑之部
76 明治30年9月15日	7-9頁	(30年8月5日付在新嘉坡領事館報告)	新嘉坡港ニ於ケル石炭ノ商況	商業之部
78 明治30年10月5日	1-11頁	(30年8月28日付在新嘉坡領事館報告)	新嘉坡ニ於ケル本邦商品見本ノ商況	商業之部
79 明治30年10月15日	1-12頁	(30年8月28日付在新嘉坡領事館報告)	新嘉坡ニ於ケル本邦商品見本ノ商況	商業之部
79 明治30年10月15日	54頁	(30年9月16日付在新嘉坡領事館報告)	メルグイ群島眞珠貝採取ノ状況	水産之部
80 明治30年10月25日	60-61頁	(30年9月16日付在新嘉坡領事館報告)	海峡殖民地ノ貨幣問題	貨幣
80 明治30年10月25日	61-63頁	(30年9月15日付在新嘉坡領事館報告)	本年自一月至三月海峡殖民地金銀輸出入表	貨幣
81 明治30年11月5日	17-19頁	(30年9月23日付在新嘉坡領事館報告)	三十年七月新嘉坡石炭商況	商業
82 明治30年11月15日	71-75頁	(30年10月5日付在新嘉坡領事館報告)	三十年九月分新嘉坡港貨幣輸出入調査表	貨幣
85 明治30年12月15日	17-18頁	(30年11月13日付在新嘉坡領事館報告)	本年八月中新嘉坡石炭商況	商業
86 明治30年12月25日	16-18頁	(30年11月15日付在新嘉坡領事館事務代理木島孝蔵報告)	本年九月中新嘉坡石炭商況	商業
號外 明治30年12月15日	1-43頁	(30年9月27日付在新嘉坡領事館報告)	明治二十九年間英領海峡植民地貿易一斑	商業
號外 明治30年12月15日	44-108頁	(30年5月20日付在新嘉坡領事館報告)	爪哇島巡回復命書	巡回復命書
號外 明治30年12月30日	1-28頁	(30年10月4日付在新嘉坡領事館報告)	馬來聯邦英國駐在官年報摘要	商業

1898年 （明治31年）
（自第87號至120號）

88 明治31年1月15日	22-23頁	(30年11月16日付在新嘉坡領事館報告)	新嘉坡ニ於ケル本邦製「チベラ」織ノ件	商業
88 明治31年1月15日	75頁	(30年11月13日付在新嘉坡領館書記生木島孝蔵報告)	新嘉坡商業會議所貨幣調査特別委員調査ノ件	貨幣及金融
90 明治31年2月28日	11-12頁	(30年12月30日付在新嘉坡領事館報告)	三十年十一月中新嘉坡港石炭商況	商業
90 明治31年2月28日	57-58頁	(30年11月2日付在新嘉坡領事館事務代理木島孝蔵報告)	三十年四五六三ケ月間海峡殖民地貿易概況	商業
90 明治31年2月28日	90-93頁	(30年12月17日付在新嘉坡領事館報告)	三十年七月後新嘉坡圓銀出入ノ情況	貨幣及金融
91 明治31年3月8日	23-31頁	(31年1月31日付在新嘉坡領事館報告)	三十年七八九三ケ月間海峡殖民地貿易概況	商業
91 明治31年3月8日	92-94頁	(31年1月10日付在新嘉坡領事館報告)	三十年十二月新嘉坡貨幣輸出入表	貨幣及金融
92 明治31年3月18日	32-33頁	(31年2月7日付在新嘉坡領事館報告)	三十年度緬甸米作概況	農業
92 明治31年3月18日	61頁	(31年1月20日付在新嘉坡領事館報告)	新嘉坡商業會議所ノ貨幣問題	貨幣及金融
92 明治31年3月18日	81頁	(31年1月29日付在新嘉坡領事館報告)	蘭領印度新開港場	交通

92 明治31年3月18日	86-90頁	（30年9月15日付在新嘉坡領事館報告）	新嘉坡市場規則細則	雑
93 明治31年3月28日	22頁	（31年2月7日付在新嘉坡領事館報告）	緬甸米況	商業
93 明治31年3月28日	74頁	（31年2月14日付在新嘉坡領事館報告）	新嘉坡幣制ニ關スル報告	貨幣及金融
97 明治30年5月8日	26-51頁	（30年7月30日付在新嘉坡領事館報告）	二十九年中英領海峡殖民地貿易一班	商業
97 明治31年5月8日	75-77頁	（31年3月3日付在新嘉坡領事館報告）	新嘉坡港為替相場附貨幣相場表	貨幣及金融
98 明治31年5月18日	16-26頁	（30年7月3日付在新嘉坡領事館報告）	二十九年中英領海峡殖民地貿易一班	商業
98 明治31年5月18日	75-76頁	（31年4月5日付在新嘉坡領事館報告）	本年三月中新嘉坡港為替相場及貨幣相場表并ニ貨幣輸出入表	貨幣及金融
98 明治31年5月18日	97頁	（31年4月19日付在新嘉坡領事館報告）	蘭領印度及英領海峡殖民地ニ於ケル檢疫施行	雑
99 明治31年5月28日	81頁	（31年4月21日付在新嘉坡領事館報告）	東亜細亜「インドラ」両濱船會社ニ於テ東洋航路開始ノ件	交通
100 明治31年6月8日	36-39頁	（31年5月4日付在新嘉坡領事館報告）	海峡殖民地及佛領印度地方鹽業ニ關スル調査	農業及鹽業
101 明治31年6月18日	2-3頁	（31年5月12日付在新嘉坡領事館報告）	新嘉坡ヨリ日本ヘ米穀輸出近況	商業
105 明治31年7月28日	39-41頁	（31年6月16日付在新嘉坡領事館報告）	本年四月中新嘉坡港金融一斑	貨幣及金融
109 明治31年9月8日	33-35頁	（31年7月22日付在新嘉坡領事館報告）	在新嘉坡日本商品見本陳列所ノ景況	商業
109 明治31年9月8日	37-38頁	（31年7月22日付在新嘉坡領事館報告）	本年五月中新嘉坡港金融一斑	貨幣及金融
111 明治31年9月28日	55頁	（31年8月2日付在新嘉坡領事館報告）	三十年中麻六甲港船舶出入景況	交通
111 明治31年9月28日	55-56頁	（31年8月20日付在新嘉坡領事館報告）	三十年中彼南港船舶出入景況	交通
111 明治31年9月28日	56-58頁	（31年8月20日付在新嘉坡領事館報告）	三十年中新嘉坡港船舶出入景況	交通
112 明治31年10月8日	9-12頁	（31年8月29日付在新嘉坡領事館報告）	三十年中新嘉坡港石炭商況	商業
112 明治31年10月8日	12-14頁	（31年8月30日付在新嘉坡領事館報告）	本年前半季間新嘉坡港石炭商況	商業
112 明治31年10月8日	14-17頁	（31年8月29日付在新嘉坡領事館報告）	三十年第四季間海峡植民地貿易概況	商業
112 明治31年10月8日	58-59頁	（31年8月15日付在新嘉坡領事館報告）	本年六月中新嘉坡港金融一斑	貨幣及金融
114 明治31年10月28日	電報	（31年10月18日發在新嘉坡領事館報告）	新嘉坡ニ於ケル圓銀輸入禁止ノ件	電報
115 明治31年11月8日	電報	（31年10月27日發在新嘉坡領事館報告）	新嘉坡圓銀輸入禁止法發布	電報
115 明治31年11月8日	1-2頁	（31年9月19日付在新嘉坡領事館報告）	新嘉坡ヨリ日本ヘ米穀輸出近況	商業
115 明治31年11月8日	42-43頁	（31年10月9日付在新嘉坡領事館報告）	本年七八両月海峡殖民地銀行紙幣發行高及準備金	貨幣及金融
117 明治31年11月28日	27-28頁	（31年10月9日付在新嘉坡領事館報告）	海峡殖民地ニ於ケル日本圓銀輸入禁止法案制定ニ關スル件	貨幣及金融
117 明治31年11月28日	28-29頁	（31年10月19日付在新嘉坡領事館報告）	海峡殖民地ニ於ケル日本圓銀輸入禁止法案同地立法會議通過ノ件	貨幣及金融
117 明治31年11月28日	29頁	（31年10月21日付在新嘉坡領事館報告）	馬来半島内諸州ニ於ケル日本圓銀輸入禁止ノ件	貨幣及金融
118 明治31年12月8日	35-37頁	（31年10月23日付在新嘉坡領事館報告）	最近五ケ年間ノ本邦、海峡殖民地間商品及貨幣輸出入額	商業
118 明治31年12月8日	54頁	（31年10月27日付在新嘉坡領事館報告）	海峡植民地ニ於ケル日本圓銀輸入禁止法實施ノ件	貨幣及金融
120 明治31年12月28日	57-58頁	（31年11月11日付在新嘉坡領事館報告）	本年十月中在新嘉坡本邦商品陳列所ノ景況	雑

1899年（明治32年）
（自第121號至155號）

121 明治32年1月18日	57頁	（31年11月19日付在新嘉坡領事館報告）	本邦圓銀ノ輸入禁止	貨幣及金融
121 明治32年1月18日	58頁	（31年11月27日付在新嘉坡領事館報告）	馬来半島内本邦圓銀ニ關スル布告	貨幣及金融
125 明治32年2月28日	60頁	（32年1月7日付在新嘉坡領事館報告）	海峡殖民地ニ於テ本邦圓銀ノ法貨タルコト廢止ノ件	貨幣及金融
125 明治32年2月28日	74-75頁	（32年1月31日付在新嘉坡領事館報告）	新嘉坡三十一年十二月末在留本邦人々員表	雑
130 明治32年4月18日	8-10頁	（32年3月4日付新嘉坡帝國領事館報告）	新嘉坡三十一年九月後米穀ノ輸出附緬甸國米穀輸出	商業
130 明治32年4月18日	46頁	（32年3月9日付在新嘉坡帝國領事館報告）	ボルネオ島サラワク國ニテ本邦圓銀使用ノ禁止	貨幣及金融
131 明治32年4月28日	24頁	（32年3月23日付在新嘉坡帝國領事館報告）	緬甸國稻作並ニ米穀市場ノ商況	商業

140 明治32年7月28日	77-80頁	(32年6月5日附新嘉坡帝國領事館報告)	新嘉坡ニ於ケル支那移民上陸禁止	移民
144 明治32年9月8日	51-55頁	(32年7月31日附新嘉坡帝國領事館報告)	新嘉坡港三十一年中出入船舶状況	交通
144 明治32年9月8日	55-57頁	(32年8月3日付附新嘉坡帝國領事館報告)	彼南港三十一年中船舶出入表	交通
144 明治32年9月8日	57頁	(32年8月3日新嘉坡領帝國事館報告)	叱呖甲港三十一年中船舶出入表	交通
146 明治32年9月28日	47-50頁	(32年8月13日附新嘉坡帝國領事館報告)	海峡殖民地ニ於ケル本邦圓銀輸入禁止後状況	貨幣及金融
146 明治32年9月28日	50-53頁	(32年8月13日附新嘉坡帝國領事館報告)	海峡殖民地三十一年中金銀輸出入表	貨幣及金融
147 明治32年10月8日	56-57頁	(32年8月16日附新嘉坡帝國領事館報告)	汕頭港ニ限リ病疫豫防令ノ解禁	雑
149 明治32年10月28日	16-20頁	(32年9月17日附新嘉坡帝國領事館報告)	交趾支那三十一年中貿易年報	商業
150 明治32年11月8日	58-59頁	(32年8月29日附新嘉坡帝國領事館報告)	海峡殖民地ニ於ケル本邦圓銀輸入禁止後状況續報	貨幣及金融

1900年 （明治33年）
（自第156號至181號）

159 明治32年2月18日	38-39頁	(32年12月27日附在新嘉坡帝國領事館報告)	新嘉坡ニ於ケル本邦製燻鰊	水産
161 明治33年3月8日	3-4頁	(33年1月29日付在新嘉坡帝國領事館報告)	緬甸産米	商業
161 明治33年3月8日	67-72頁	(32年12月15日附在新嘉坡帝國領事館報告)	新嘉坡金融	貨幣及金融
162 明治33年3月18日	9-18頁	(33年1月17日付在新嘉坡領事館報告)	印度支那産米	商業
165 明治33年4月25日	7-17頁	(33年3月17日附在シンガポール帝國領事館報告)	新嘉坡ニ於ケル本邦商品標本陳列所	商業
166 明治33年5月10日	31-33頁	(33年3月19日附新嘉坡帝國領事館報告)	新嘉坡ニ於ケル紙幣發行	貨幣及金融
168 明治33年6月10日	49-51頁	(33年4月23日附新嘉坡帝國領事館報告)	海峡殖民地三十二年金銀輸出入表	貨幣及金融
175 明治33年9月25日	7-8頁	(33年7月25日附在新嘉坡帝國領事館報告)	印度支那及緬甸國産米	商業
179 明治33年11月25日	30-38頁	(33年9月28日附新嘉坡帝國領事館報告)	新嘉坡三十二年貿易年報	商業
180 明治33年12月10日	3-8頁	(33年7月25日附在新嘉坡帝國領事館報告)	新嘉坡輸入石炭	商業

1901年 （明治34年）
（自第182號至205號）

184 明治34年2月10日	2-3頁	(33年12月22日附在新嘉坡帝國領事館報告)	爪哇藍靛	商業
187 明治34年3月25日	4-5頁	(33年11月6日附在新嘉坡帝國領事館報告)	新嘉坡ニ於ケル各種魚類ノ需要	商業
188 明治34年4月10日	72頁	(34年1月8日附在新嘉坡帝國領事館報告)	新嘉坡暹羅國間新電線ノ開通	交通
189 明治34年4月25日	10-11頁	(34年2月9日附在新嘉坡帝國領事館報告)	爪哇藍靛續報	商業
192 明治34年6月10日	19-20頁	(34年3月18日附在新嘉坡帝國領事館報告)	新嘉坡豚肉商況	商業
194 明治34年7月10日	44-5頁	(34年6月2日附新嘉坡帝國領事館報告)	爪哇島ニ於ケル噴火並ニ砂糖産況	農業
194 明治34年7月10日	72-74頁	(34年6月7日附在新嘉坡帝國領事館報告)	新嘉坡現行貨物船積陸揚費及倉敷料	交通
197 明治34年8月25日	64-72頁	(34年7月16日附在新嘉坡帝國領事館報告)	新嘉坡三十三年貿易年報	商業
197 明治34年8月25日	115-17頁	(34年7月17日附在新嘉坡帝國領事館報告)	英領海峡殖民地運輸業、人口衛生及移民状況	雑
199 明治34年9月25日	99-100頁	(34年8月7日附在新嘉坡帝國領事館報告)	スマトラ石炭貯蔵場	雑
200 明治34年10月10日	97-98頁	(34年8月23日附在新嘉坡帝國領事館報告)	新嘉坡市街鐵道敷設新計畫	交通
200 明治34年10月10日	98頁	(34年8月20日附在新嘉坡帝國領事館報告)	佛國船東亜新航路ノ開始	交通
200 明治34年10月10日	112-13頁	(34年9月10日附在新嘉坡帝國領事館報告)	英領海峡殖民地最近人口數	雑
201 明治34年10月25日	78-80頁	(34年8月23日附在新嘉坡帝國領事館報告)	新嘉坡金融状況	貨幣及金融
202 明治34年11月10日	9-11頁	(34年9月25日附在新嘉坡帝國領事館報告)	新嘉坡三十三年中石炭商況	商業
202 明治34年11月10日	67-83頁	(34年6月25日附在新嘉坡帝國領事館報告)	英領海峡殖民地三十三年中金融情況	貨幣及金融
202 明治34年11月10日	100-2頁	(新嘉坡帝國領事館報告)	馬來聯邦國勢一班	雑

1902年 （明治35年）
（自第206號至246號）

206	明治35年1月10日	98-99頁	（34年11月25日附在新嘉坡帝國領事館報告）	英領海峽殖民地三十五年度歳出入豫算	雜
207	明治35年1月25日	82-83頁	（34年12月 日附在新嘉坡帝國領事館報告）	新嘉坡十月中金融状況	貨幣及金融
212	明治35年4月10日	77-87頁	（35年1月25日附在新嘉坡帝國領事館報告）	新嘉坡地方鳳梨栽培法並商況	農業
213	明治35年4月25日	120頁	（35年2月18日附在新嘉坡帝國領事館報告）	蘭領爪哇産「インヂゴ」輸出税ノ廢止	關税
214	明治35年5月10日	9-11頁	（35年2月28日附在新嘉坡帝國領事館報告）	新嘉坡ニ於ケル各種茶況	商業
214	明治35年5月10日	93-94頁	（35年2月4日附在新嘉坡帝國領事館報告）	新嘉坡三十四年十二月中金融情況	貨幣及金融
215	明治35年5月25日	87-88頁	（35年2月25日附在新嘉坡帝國領事館報告）	蘭領爪哇輸入摺附木消費税ノ增課	關税
227	明治35年9月4日	35-36頁	（35年6月28日附在新嘉坡帝國領事館報告）	新嘉坡五月中金融状況	貨幣及金融
229	明治35年9月18日	51-52頁	（新嘉坡帝國領事館報告）	南阿、新嘉坡間溫船航路現況	交通
232	明治35年10月2日	33-36頁	（35年7月28、8月28日附在新嘉坡帝國領事館報告）	新嘉坡六、七、月中金融諸表	貨幣及金融
241	明治35年11月25日	139-56頁	（35年9月20日附在新嘉坡帝國領事館報告）	英領海峽殖民地三十四年貿易年報	商業（臨時增刊）

1903年 （明治36年）
（自第247號至改57號）

251	明治36年2月5日	52-53頁	（35年12月12日附在新嘉坡帝國領事館報告）	海峽殖民地ニ於ケル金貨本位制採用問題近況	雜
253	明治36年2月19日	53頁	（35年12月29日附在新嘉坡帝國領事館報告）	英領海峽殖民地ニ於ケル外國人醫術開業手續	雜
改5	明治36年4月23日	44頁	（外務省通商局）	英領海峽殖民地ニ於ケル外國人醫術開業資格	雜
改7	明治36年5月3日	45頁	（36年3月23日附在新嘉坡帝國領事館報告）	本邦製「マッチ」荷造ノ注意	雜
改20	明治36年7月3日	32-41頁	（36年5月23日附在新嘉坡帝國領事館報告）	在倫敦海峽殖民地貨幣調査委員ノ報告	貨幣及金融
改23	明治36年7月13日	39頁	（36年6月15日附在新嘉坡帝國領事館報告）	海峽殖民地清國移民ノ上陸禁止	移民
改28	明治36年8月8日	41頁	（36年6月29日附在新嘉坡帝國領事館報告）	海峽殖民地ニ於ケル貨幣問題	貨幣及金融
改33	明治36年9月3日	23頁	（36年7月30日附在新嘉坡帝國領事館報告）	新嘉坡ニ於ケル鐵工場ノ名稱及主管者	工業
改44	明治36年10月23日	48頁	（36年9月30日附在新嘉坡帝國領事館報告）	新嘉坡ニ於ケル横濱ヨリ來航船舶ニ對スル檢疫廢止	雜
改45	明治36年10月28日	29-31頁	（36年9月28日附在新嘉坡帝國領事館報告）	新嘉坡八月中金融一班	貨幣及金融
改47	明治36年11月8日	17頁	（36年10月6日附在新嘉坡帝國領事館報告）	新嘉坡政廳ニ於ケル本位貨新弗銀ノ發行	貨幣及金融
改57	明治36年12月23日	38-47頁	（外務省通商局）	新嘉坡諸港石炭消費額市價並其供給者	雜

1904年 （明治37年）
（自第1號至73號）

17	明治37年3月23日	27-28頁	（37年2月26日附在新嘉坡帝國領事館報告）	新嘉坡金融事情	貨幣及金融
21	明治37年4月8日	25-27頁	（37年3月7日附在新嘉坡帝國領事館報告）	新嘉坡一月中金融事情	貨幣及金融
24	明治37年4月23日	30-32頁	（37年3月22日附在新嘉坡帝國領事館報告）	新嘉坡二月中金融一班	貨幣及金融
24	明治37年4月23日	32-33頁	（37年3月26日附在新嘉坡帝國領事館報告）	海峽殖民地紙幣條例中改正	貨幣及金融
28	明治37年5月13日	9-25頁	（36年12月21日附在新嘉坡帝國領事館報告）	英領海峽殖民地三十五年貿易年報	商業
32	明治37年5月28日	31-34頁	（37年4月21日附在新嘉坡帝國領事館報告）	蘭領東印度諸島領海ニ於ケル真珠貝真珠母貝及海鼠採收規則ノ發布	水産
34	明治37年6月8日	1-3頁	（37年5月12日附在新嘉坡帝國領事館報告）	新嘉坡ニ於ケル時局の影響（其一）	臨時
34	明治37年6月8日	44-46頁	（37年5月7日附在新嘉坡帝國領事館報告）	新嘉坡三月中金融状況	貨幣及金融
40	明治37年7月8日	9-12頁	（37年6月6日附在新嘉坡帝國領事館報告）	新嘉坡港輸出入木材	商業
40	明治37年7月8日	25-27頁	（37年5月14日附在新嘉坡帝國領事館報告）	新嘉坡四月中金融状況	貨幣及金融
41	明治37年7月13日	38-40頁	（37年6月13日附在新嘉坡帝國領事館報告）	新嘉坡五月中金融状況	貨幣及金融
41	明治37年7月13日	40頁	（外務省通商局）	海外各地ニ於ケル敷物營業者宿所姓名調査　新嘉坡	雜
44	明治37年7月28日	13頁	（37年6月28日附在新嘉坡帝國領事館報告）	馬来聯邦三十六年中錫産出高	鑛業

56 明治38年9月28日	39頁		英領海峽殖民地ニ於ケル日本醫師ノ登録	雑録
59 明治38年10月13日	5-6頁	(38年9月6日附在新嘉坡帝國領事館報告)	蘭貢米況	商業
60 明治38年10月18日	11-14頁	(38年8月25日附在新嘉坡帝國領事館報告)	新嘉坡ニ於ケル本邦製人力車ニ關スル調査	商業
60 明治38年10月18日	18-19頁	(38年8月28日附在新嘉坡帝國領事館報告)	新嘉坡七月中金融状況	貨幣及金融
60 明治38年10月18日	19-22頁	(38年9月11日附在新嘉坡帝國領事館報告)	新嘉坡八月中金融状況	貨幣及金融
60 明治38年10月18日	51頁		新嘉坡市街電氣鐵道開通	雑録
65 明治38年11月13日	2-3頁	(38年10月3日附在新嘉坡帝國領事館報告)	蘭貢米況	商業
66 明治38年11月18日	18-19頁	(38年8月12日附在新嘉坡帝國領事館報告)	海外在留本邦人職業別表　英領海峽殖民地	雑報
70 明治38年12月3日	36-38頁	(38年10月17日附在新嘉坡帝國領事館報告)	新嘉坡九月中金融状況	貨幣及金融
72 明治38年12月13日	32-33頁	(38年10月31日附在新嘉坡帝國領事館報告)	緬甸米作状況	農業

1906年（明治39年）
（自第1號至76號）

2 明治39年1月13日	6-8頁	(38年10月10日附在新嘉坡帝國領事館報告)	海外各地ニ於ケル林檎馬鈴薯販路状況　新嘉坡	商業
2 明治39年1月13日	23-24頁	(38年12月4日附在新嘉坡帝國領事館報告)	新嘉坡十月中金融状況	貨幣及金融
3 明治39年1月18日	3-4頁	(38年11月6日附在新嘉坡帝國領事館報告)	蘭貢米況	商業
3 明治39年1月18日	4-5頁	(38年12月10日附在新嘉坡帝國領事館報告)	蘭貢米況	商業
8 明治39年2月8日	9-11頁	(38年12月21日附在新嘉坡帝國領事館報告)	新嘉坡三十八年十一月中金融状況	貨幣及金融
10 明治39年2月18日	32-33頁	(39年1月4日附在新嘉坡帝國領事館報告)	緬甸米作状況	農業
15 明治39年3月13日	6-9頁	(38年11月27日附在新嘉坡帝國領事館報告)	新嘉坡及蘭領東印度諸島ニ於ケル燐寸輸出入状況	商業
15 明治39年3月13日	10-11頁	(39年2月2日附在新嘉坡帝國領事館報告)	蘭貢米況	商業
15 明治39年3月13日	42-43頁	(39年1月29日附在新嘉坡帝國領事館報告)	緬甸米作状況	農業
16 明治39年3月18日	45-47頁	(39年1月29日附在新嘉坡帝國領事館報告)	新嘉坡三十八年十二月中金融状況	貨幣及金融
17 明治39年3月23日	17-44頁	(38年10月27日附在新嘉坡帝國領事館報告)	海峽殖民地三十七年貿易年表	商業
20 明治39年4月3日	2-5頁	(39年2月22日附在新嘉坡帝國領事館報告)	蘭貢湾ニ於ケル過去十五ケ年間輸出米状況	商業
20 明治39年4月3日	5-6頁	(39年1月10日附在新嘉坡帝國領事館報告)	新嘉坡本邦花筵商況	商業
21 明治39年4月8日	28-30頁	(39年2月20日附在新嘉坡帝國領事館報告)	新嘉坡三十九年一月中金融状況	貨幣及金融
22 明治39年4月13日	電報欄	(39年4月12日發在新嘉坡帝國領事館電報)	新嘉坡米況	電報
24 明治39年4月23日	電報欄	(39年4月19日發在新嘉坡帝國領事館電報)	新嘉坡米況	電報
25 明治39年4月28日	電報欄	(39年4月26日發在新嘉坡帝國領事館電報)	新嘉坡米況	電報
26 明治39年5月3日	電報欄	(39年5月3日發在新嘉坡帝國領事館電報)	新嘉坡米況	電報
26 明治39年5月3日	2-3頁	(39年3月8日附在新嘉坡帝國領事館報告)	蘭貢米況	商業
28 明治39年5月13日	電報欄	(39年5月10日發在新嘉坡帝國領事館電報)	新嘉坡米況	電報
29 明治39年5月18日	電報欄	(39年5月17日發在新嘉坡帝國領事館電報)	新嘉坡米況	電報
32 明治39年5月28日	39-40頁	(39年3月17日附在新嘉坡帝國領事館報告)	新嘉坡三十九年二月中金融状況	貨幣及金融
33 明治39年6月3日	電報欄	(39年5月31日發在新嘉坡帝國領事館電報)	新嘉坡米況	電報
33 明治39年6月3日	27-42頁	(39年4月9日附在新嘉坡帝國領事館報告)	馬來聯邦國護謨栽培業状況	農業
33 明治39年6月3日	43-44頁	(39年4月23日附在新嘉坡帝國領事館報告)	新嘉坡三月中金融状況	貨幣及金融
34 明治39年6月8日	20-21頁	(39年4月11日附在新嘉坡帝國領事館報告)	蘭領シャバ島ニ於ケル木蠟状況	商業
34 明治39年6月8日	36-38頁	(39年4月25日附在新嘉坡帝國領事館報告)	馬來聯邦國ニ於ケル日本人状況	雑報

35 明治39年6月13日	49頁	（39年5月9日附在新嘉坡帝國領事館報告）	海峡殖民地ニ於ケル外人追放ノ條例改正ニ付キ本邦船舶業者ニ對スル注意	雑報
36 明治39年6月18日	電報欄	（39年6月14日發在新嘉坡帝國領事館電報）	新嘉坡米況	電報
36 明治39年6月18日	12-13頁	（39年3月23日附在新嘉坡帝國領事館報告）	蘭貢米況	商業
37 明治39年6月23日	電報欄	（39年6月22日發在新嘉坡帝國領事館電報）	新嘉坡米況	電報
37 明治39年6月23日	15-16頁	（39年4月27日附在新嘉坡帝國領事館報告）	蘭貢米況	商業
40 明治39年7月8日	電報欄	（39年7月7日發在新嘉坡帝國領事館電報）	新嘉坡米況	電報
40 明治39年7月8日	30頁	（39年5月21日附在新嘉坡帝國領事館報告）	新嘉坡四月中金融状況	貨幣及金融
41 明治39年7月13日	4頁	（39年5月28日附在新嘉坡帝國領事館報告）	蘭貢米況	商業
42 明治39年7月18日	19-20頁	（39年6月5日附在新嘉坡帝國領事館報告）	蘭貢米況	商業
43 明治39年7月23日	電報欄	（39年7月21日發在新嘉坡帝國領事館電報）	新嘉坡米況	電報
45 明治39年7月28日	32頁	（39年6月25日附在新嘉坡帝國領事館報告）	新嘉坡五月中金融状況	貨幣及金融
46 明治39年8月3日	電報欄	（39年8月4日發在新嘉坡帝國領事館電報）	新嘉坡米況	電報
48 明治39年8月13日	10-11頁	（39年6月25日附在新嘉坡帝國領事館報告）	蘭貢米況　（担自五月二十六日至六月八日）	商業
49 明治39年8月18日	電報欄	（39年8月18日發在新嘉坡帝國領事館電報）	新嘉坡米況	電報
49 明治39年8月18日	3-4頁	（39年7月10日附在新嘉坡帝國領事館報告）	蘭貢米況　（自六月九日至同二十二日二週間）	商業
49 明治39年8月18日	15-17頁	（39年7月24日附在新嘉坡帝國領事館報告）	馬来聯邦國三十八年貿易産業概況	商業
50 明治39年8月23日	39-40頁	（39年7月23日附在新嘉坡帝國領事館報告）	新嘉坡三十九年六月中金融状況	貨幣及金融
52 明治39年9月3日	電報欄	（39年8月31日發在新嘉坡帝國領事館電報）	新嘉坡米況	電報
55 明治39年9月18日	電報欄	（39年9月14日發在新嘉坡帝國領事館電報）	暹羅米市況	電報
56 明治39年9月23日	26頁	（39年7月21日附在新嘉坡帝國領事館報告）	蘭貢米況　（自六月二十三日至七月六日）	商業
56 明治39年9月23日	26-27頁	（39年8月7日附在新嘉坡帝國領事館報告）	蘭貢米況　（自七月七日至同二日）	商業
58 明治39年9月28日	13頁	（39年8月22日附在新嘉坡帝國領事館報告）	蘭貢米況	商業
60 明治39年10月8日	42-43頁	（39年8月20日附在新嘉坡帝國領事館報告）	新嘉坡七月中金融状況	貨幣及金融
61 明治39年10月13日	5頁	（39年9月6日附在新嘉坡帝國領事館報告）	蘭貢米況　（自八月十一日至八月二十四日）	商業
62 明治39年10月18日	電報欄	（39年10月15日發在新嘉坡帝國領事館電報）	新嘉坡米況	電報
63 明治39年10月23日	14-18頁	（39年4月2日附在新嘉坡帝國領事館報告）	海外各地ニ於ケル石炭需要供給状況　新嘉坡	商業
63 明治39年10月23日	26-27頁	（39年9月25日附在新嘉坡帝國領事館報告）	蘭貢米況　（自八月二十五日至九月七日）	商業
65 明治39年11月3日	電報欄	（39年10月29日發在新嘉坡帝國領事館電報）	新嘉坡米況	電報
65 明治39年11月3日	54-55頁	（39年9月24日附在新嘉坡帝國領事館報告）	新嘉坡八月中金融状況	貨幣及金融
66 明治39年11月8日	1-10頁	（39年10月1日附在新嘉坡帝國領事館報告）	新嘉坡輸入日本品商況並ニ其集散分布概況	商業
66 明治39年11月8日	17-19頁	（39年3月17日附在新嘉坡帝國領事館報告）	海外各地ニ於ケル製茶状況　新嘉坡	商業
67 明治39年11月13日	電報欄	（39年11月10日發在新嘉坡帝國領事館電報）	新嘉坡米況	電報
67 明治39年11月13日	7-15頁	（39年6月13日附在新嘉坡帝國領事館報告）	海外各地ニ於ケル植物性諸油状況　新嘉坡	商業
67 明治39年11月13日	22-23頁	（39年10月8日附在新嘉坡帝國領事館報告）	蘭貢米況　（自九月八日至同二十一日）	商業
70 明治39年11月25日	電報欄	（39年11月24日發在新嘉坡帝國領事館電報）	新嘉坡米況	電報
71 明治39年11月28日	38頁	（39年10月24日附在新嘉坡帝國領事館報告）	海峡殖民地金貨本位制実施ノ必要ノ為メ其紙幣條例中ノ改正	貨幣及金融
71 明治39年11月28日	38-39頁	（39年10月22日附在新嘉坡帝國領事館報告）	新嘉坡九月中金融状況	貨幣及金融
74 明治39年12月13日	電報欄	（39年12月10日發在新嘉坡帝國領事館電報）	新嘉坡米況	電報

35	明治40年6月18日	15-16頁	(40年5月11日附在新嘉坡帝國領事館報告)	蘭貢米況　（自四月六日至同月十九日）	商業
38	明治40年7月3日	電報欄	(40年6月29日發在新嘉坡帝國領事館電報)	新嘉坡米況	電報
42	明治40年7月23日	電報欄	(40年7月12日發在新嘉坡帝國領事館電報)	新嘉坡米況	電報
42	明治40年7月23日	20頁	(40年5月27日附在新嘉坡帝國領事館報告)	蘭貢米況　（自四月二十日至五月三日）	商業
42	明治40年7月23日	21頁	(40年6月10日附在新嘉坡帝國領事館報告)	蘭貢米況　（自五月四日至同月十四日）	商業
42	明治40年7月23日	41-42頁	(40年5月27日附在新嘉坡帝國領事館報告)	新嘉坡四月中金融状況	貨幣及金融
44	明治40年8月3日	電報欄	(40年7月26日發在新嘉坡帝國領事館電報)	新嘉坡米況	電報
45	明治40年8月8日	9-10頁	(40年6月19日附在新嘉坡帝國領事館報告)	蘭貢米況	商業
45	明治40年8月8日	39-40頁	(40年6月27日附在新嘉坡帝國領事館報告)	新嘉坡五月中金融状況	貨幣及金融
46	明治40年8月13日	電報欄	(40年8月8日發在新嘉坡帝國領事館電報)	新嘉坡米況	電報
47	明治40年8月18日	16-17頁	(40年7月5日附在新嘉坡帝國領事館報告)	蘭貢米況　（自六月一日至同十四日）	商業
49	明治40年8月28日	電報欄	(40年8月23日發在新嘉坡帝國領事館電報)	新嘉坡米況	電報
52	明治40年9月13日	電報欄	(40年9月6日發在新嘉坡帝國領事館電報)	新嘉坡米況	電報
53	明治40年9月18日	11-12頁	(40年7月22日附在新嘉坡帝國領事館報告)	蘭貢米況　（自六月十五日至同二十七日）	商業
54	明治40年9月23日	9頁	(40年8月2日附在新嘉坡帝國領事館報告)	蘭貢米況　（自六月二十八日至七月十二日）	商業
55	明治40年9月28日	電報欄	(40年9月19日發在新嘉坡帝國領事館電報)	柴棍米況	電報
56	明治40年10月3日	18頁	(40年8月19日附在新嘉坡帝國領事館報告)	蘭貢米況　（自七月十三日至同二十六日）	商業
58	明治40年10月13日	電報欄	(40年10月4日發在新嘉坡帝國領事館電報)	新嘉坡米況	電報
58	明治40年10月13日	55-56頁	(40年8月23日附在新嘉坡帝國領事館報告)	新嘉坡六月中金融状況	貨幣及金融
58	明治40年10月13日	56-57頁	(40年9月2日附在新嘉坡帝國領事館報告)	新嘉坡七月中金融状況	貨幣及金融
61	明治40年10月28日	電報欄	(40年10月23日發在新嘉坡帝國領事館電報)	新嘉坡米況	電報
62	明治40年11月3日	11-12頁	(40年9月13日附在新嘉坡帝國領事館報告)	蘭貢米況　（自七月二十七日至八月九日）	商業
64	明治40年11月13日	電報欄	(40年11月8日發在新嘉坡帝國領事館電報)	新嘉坡米況	電報
66	明治40年11月23日	34-35頁	(40年9月19日附在新嘉坡帝國領事館報告)	蘭貢米況　（自八月十日至同二日）	商業
66	明治40年11月23日	55-56頁	(40年9月2日附在新嘉坡帝國領事館報告)	新嘉坡四十年八月中金融状況	貨幣及金融
67	明治40年11月28日	12-13頁	(40年9月28日附在新嘉坡帝國領事館報告)	蘭貢米況　（自八月二十四日至九月六日）	商業
67	明治40年11月28日	14-15頁	(40年10月10日附在新嘉坡帝國領事館報告)	蘭貢米況　（自九月七日至同月二十日）	商業
68	明治40年12月3日	電報欄	(40年11月26日發在新嘉坡帝國領事館電報)	新嘉坡米況	電報
70	明治40年12月13日	電報欄	(40年12月9日發在新嘉坡帝國領事館電報)	新嘉坡米況	電報
71	明治40年12月18日	1-4頁	(40年10月5日附在新嘉坡帝國領事館報告)	新嘉坡ニ於ケル海産物市況（商業）	商業

1908年（明治41年）
（自第1號至70號）

1	明治41年1月8日	電報欄	(40年12月24日發在新嘉坡帝國領事館電報)	新嘉坡米況	電報
3	明治41年1月18日	25-26頁	(40年12月13日附在新嘉坡帝國領事館報告)	蘭貢米況　（四十年自九月二十一日至同年十月四日）	商業
3	明治41年1月18日	26-27頁	(40年11月9日附在新嘉坡帝國領事館報告)	蘭貢米況　（四十年自十月五日至同月十八日）	商業
3	明治41年1月18日	27-28頁	(40年11月19日附在新嘉坡帝國領事館報告)	蘭貢米況　（四十年自十月十九日至十一月一日）	商業
4	明治41年1月23日	7-15頁	(40年12月13日附在新嘉坡帝國領事館報告)	本邦輸入米ニ関スル取調	商業
5	明治41年1月28日	電報欄	(41年1月20日發在新嘉坡帝國領事館電報)	新嘉坡米況	電報
5	明治41年1月28日	61-62頁	(40年12月12日附在新嘉坡帝國領事館報告)	新嘉坡金融状況　（四十年十月中）	貨幣及金融
7	明治41年2月8日	72-73頁	(40年12月17日附在新嘉坡帝國領事館報告)	新嘉坡金融状況　（四十年十一月中）	貨幣及金融

44 明治41年8月13日	6-7頁	(41年6月24日附在新嘉坡帝國領事館報告)	蘭貢米況	商業
45 明治41年8月18日	46-50頁	(41年6月30日附在新嘉坡帝國領事館報告)	海峡殖民地及馬来半島ニ於ケル一般商界不景氣ノ現況ト其原因	商業
47 明治41年8月28日	電報欄	(41年8月22日發在新嘉坡帝國領事館電報)	新嘉坡米況	電報
51 明治41年9月18日	電報欄	(41年9月12日發在新嘉坡帝國領事館電報)	新嘉坡米況	電報
51 明治41年9月18日	31-33頁	(41年7月15日附在新嘉坡帝國領事館報告)	新嘉坡ニ於ケル鉄道枕木ニ關スル調査	商業
52 明治41年9月23日	18-24頁	(41年5月1日附在新嘉坡帝國領事館報告)	日本海峡殖民地間最近三ヶ年間貿易一覧表	商業
52 明治41年9月23日	81-82頁	(41年7月30日附在新嘉坡帝國領事館報告)	海峡殖民地ニ於ケル農資貸付基金法案ノ公表	貨幣及金融
53 明治41年9月28日	12-13頁	(41年7月20日附在新嘉坡帝國領事館報告)	蘭貢米況	商業
53 明治41年9月28日	59頁	(41年5月19日附在新嘉坡帝國領事館報告)	新嘉坡及彼南ニ於ケル「インターナショナル」銀行支店ノ閉鎖	貨幣及金融
56 明治41年10月13日	電報欄	(41年10月1日發在新嘉坡帝國領事館電報)	新嘉坡米況	電報
58 明治40年10月23日	5-6頁	(41年9月4日附在新嘉坡帝國領事館報告)	新嘉坡ニ於ケル麦酒醸造業ノ開始	特報
58 明治40年10月23日	19-20頁	(40年12月21日附在新嘉坡帝國領事館報告)	海外各地ニ於ケル石炭需給状況　新嘉坡	商業
59 明治41年10月28日	76-77頁	(41年8月1日附在新嘉坡帝國領事館報告)	新嘉坡金融状況　（六月中）	貨幣及金融
60 明治41年11月3日	39-40頁	(41年8月19日附在新嘉坡帝國領事館報告)	蘭貢米況	商業
60 明治41年11月3日	40-41頁	(41年9月19日附在新嘉坡帝國領事館報告)	蘭貢米況	商業
60 明治41年11月3日	68頁	(41年8月24日附在新嘉坡帝國領事館報告)	新嘉坡金融状況　（七月中）	貨幣及金融
61 明治41年11月8日	14-15頁	(41年9月1日附在新嘉坡帝國領事館報告)	英領ボルネオニ於ケル麻綱類状況	商業
61 明治41年11月8日	46-48頁	(41年9月28日附在新嘉坡帝國領事館報告)	印度移民基金法案ノ公布	移民及労働
63 明治41年11月18日	5-6頁	(41年9月23日附在新嘉坡帝國領事館報告)	新嘉坡石炭市況	商業
66 明治41年12月3日	1-2頁	(41年10月10日附在新嘉坡帝國領事館報告)	蘭貢米況	商業
67 明治41年12月8日	74-75頁	(41年10月22日附在新嘉坡帝國領事館報告)	新嘉坡金融状況　（八月中）	貨幣及金融
67 明治41年12月8日	75-76頁	(41年10月29日附在新嘉坡帝國領事館報告)	新嘉坡金融状況　（九月中）	貨幣及金融
69 明治41年12月18日	7頁	(41年10月16日附在新嘉坡帝國領事館報告)	新嘉坡石炭市況　（自九月十五日至十月十五日）	商業

1909年（明治42年）
（自第1號至70號）

1 明治42年1月8日	9-10頁	(41年11月5日附在新嘉坡帝國領事館報告)	蘭貢米況　（四十一年自十月三日至同十六日）	商業
1 明治42年1月8日	10-11頁	(41年11月17日附在新嘉坡帝國領事館報告)	蘭貢米況　（四十一年自十月十七日至同三十日）	商業
1 明治42年1月8日	54頁	(41年11月12日附在新嘉坡帝國領事館報告)	海峡殖民地ニ於ケル日曜日労働制限法制定ニ付本邦海運業者ニ注意	交通及通信
2 明治42年1月13日	10-11頁	(41年11月17日附在新嘉坡帝國領事館報告)	新嘉坡石炭市況　（四十一年自十月十五日至十一月十五日）	商業
5 明治42年1月28日	2頁	(41年12月5日附在新嘉坡帝國領事館報告)	蘭貢米況　（四十一年自十一月一日至同十三日）	商業
8 明治42年2月13日	14-15頁	(41年12月24日附在新嘉坡帝國領事館報告)	蘭貢米況　（四十一年自十一月十四日至同二十七日）	商業
9 明治42年2月18日	18-19頁	(41年12月23日附在新嘉坡帝國領事館報告)	新嘉坡石炭市況　（四十一年自十一月十五日至十二月十五日）	商業
9 明治42年2月18日	64-65頁	(41年12月10日附在新嘉坡帝國領事館報告)	新嘉坡ニ於ケル金融状況　（四十一年十月中）	貨幣及金融
10 明治42年2月23日	20頁	(42年1月4日附在新嘉坡帝國領事館報告)	蘭貢米況　（四十一年自十一月二十八日至十二月十一日）	商業
11 明治42年2月28日	16-17頁	(42年1月21日附在新嘉坡帝國領事館報告)	蘭貢米況　（四十一年自十二月十二日至同二十三日）	商業
11 明治42年2月28日	17-18頁	(42年1月21日附在新嘉坡帝國領事館報告)	新嘉坡石炭市況　（自四十一年自十二月十六日至四十二年一月十五日）	商業
14 明治42年3月13日	11-12頁	(42年2月5日附在新嘉坡帝國領事館報告)	蘭貢米況　（自四十一年十二月二十三日至四十二年一月十五日）	商業
16 明治42年3月23日	9-10頁	(42年2月16日附在新嘉坡帝國領事館報告)	蘭貢米況　（自一月九日至同二十二日）	商業
16 明治42年3月23日	10頁	(42年2月19日附在新嘉坡帝國領事館報告)	蘭貢米況　（自一月二十三日至二月五日）	商業
17 明治42年3月28日	68-73頁	(42年2月24日附在新嘉坡帝國領事館報告)	馬来聯邦事情　（四十年）	各地事情

68 明治42年12月10日	11-12頁	(42年1012日附在新嘉坡帝國領事館報告)	蘭貢米況 （自九月十一日至同二十四日）	商業
68 明治42年12月10日	12-13頁	(42年10月15日附在新嘉坡帝國領事館報告)	蘭貢米況 （自九月十九日至同二十五日）	商業
68 明治42年12月10日	13-14頁	(42年10月2日附在新嘉坡帝國領事館報告)	蘭貢米況 （自九月二十六日至十月二日）	商業
68 明治42年12月10日	15-16頁	(42年10月16日附在新嘉坡帝國領事館報告)	新嘉坡ニ於ケル石版石ノ需要並ニ價格	商業
68 明治42年12月10日	16-18頁	(42年10月1,12,16日附在新嘉坡帝國領事館報告)	新嘉坡石炭市況 （自七月十六日至十月十五日）	商業
70 明治42年12月20日	29頁	(42年10月27日附在新嘉坡帝國領事館報告)	蘭貢米況 （自十月三日至同九日）	商業
70 明治42年12月20日	54-55頁	(42年10月25日附在新嘉坡帝國領事館報告)	新嘉坡ニ於ケル金融状況 （九月中）	貨幣及金融

1910年 （明治43年）
（自第1號至70號）

2 明治43年1月10日	33-34頁	(42年11月10日附在新嘉坡帝國領事館報告)	蘭貢米況 （四十二年自十月十六日至十月二十九日）	商業
2 明治43年1月10日	35頁	(42年11月12日附在新嘉坡帝國領事館報告)	新嘉坡ニ於ケル本邦燐寸商況	商業
5 明治43年1月25日	9-10頁	(42年11月25日附在新嘉坡帝國領事館報告)	新嘉坡石炭市況 （四十二年自十月十六日至十一月十五日）	商業
5 明治43年1月25日	28-31頁	(42年11月19,30日、12月3日附在新嘉坡帝國領事館報告)	蘭貢米況 （四十二年自十月三十日至十一月十九日）	商業
5 明治43年1月25日	31頁	(42年11月22日附在新嘉坡帝國領事館報告)	新嘉坡ニ於ケル本邦製各種革具製品	商業
5 明治43年1月25日	31-32頁	(42年11月22日附在新嘉坡帝國領事館報告)	新嘉坡ニ於ケル刷毛市況	商業
5 明治43年1月25日	32頁	(42年11月23日附在新嘉坡帝國領事館報告)	新嘉坡ニ於ケル臺灣製模造パナマ帽販路	商業
5 明治42年1月25日	55-56頁	(42年11月3日附在新嘉坡帝國領事館報告)	新嘉坡金融状況 「四十二年十月中」	貨幣及金融
6 明治43年2月1日	電報後	(新嘉坡帝國領事館提出)	「ペンゲラン」護謨関連9枚	口絵
6 明治43年2月1日	1-35頁	(42年11月23日附在新嘉坡帝國領事館報告)	馬来半島ニ於ケル護謨事業 「四十二年十一月調」	林業
8 明治43年2月10日	14-15頁	(42年12月23日附在新嘉坡帝國領事館報告)	香港新嘉坡及柴棍ニ於ケル燐寸輸入商住所氏名 新嘉坡	海外貿易品取引商紹介
8 明治43年2月10日	18-19頁	(42年12月20,同28日附在新嘉坡帝國領事館報告)	蘭貢米況 （四十二年自十二月四日至同十七日）	商業
8 明治43年2月10日	22-23頁	(42年12月17日附在新嘉坡帝國領事館報告)	新嘉坡石炭市況 （四十二年自十一月十六日至十二月十五日）	商業
11 明治43年2月25日	23-25頁	(42年12月10,14日附在新嘉坡帝國領事館報告)	蘭貢米況 （四十二年自十一月十九日至十二月三日）	商業
11 明治43年2月25日	25-26頁	(42年12月29日附在新嘉坡帝國領事館報告)	新嘉坡ニ於ケル燐寸ニ關スル調査	商業
13 明治43年3月5日	35-37頁	(43年1月14日附在新嘉坡帝國領事館報告)	蘭貢米況 （四十二年自十二月十八日至同三十日）	商業
13 明治43年3月5日	63頁	(43年1月6日附在新嘉坡帝國領事館報告)	新嘉坡金融状況 「四十二年十一月中」	貨幣及金融
14 明治43年3月10日	14頁	(43年1月18日附在新嘉坡帝國領事館報告)	新嘉坡石炭市況 （四十二年十二月十六日四十三年至一月十五日）	商業
16 明治43年3月20日	5-7頁	(43年1月19,28日附在新嘉坡帝國領事館報告)	蘭貢米況 （自四十二年十二月三十一日至四十三年一月十四日）	商業
16 明治43年3月20日	52-54頁	(43年1月25日附在新嘉坡帝國領事館報告)	新嘉坡金融状況 （四十二年十二月中）	貨幣及金融
19 明治43年4月5日	4頁	(43年2月5日附在新嘉坡帝國領事館報告)	新嘉坡ニ於ケル本邦産「タフエタ」及「シフオン」商況	商業
20 明治43年4月10日	11-12頁	(43年2月4日附在新嘉坡帝國領事館報告)	新嘉坡ニ於ケル栽培護謨	商業
22 明治43年4月20日	17-18頁	(43年2月14日附在新嘉坡帝國領事館報告)	蘭貢米況 （自一月十五日至同二十八日）	商業
24 明治43年5月1日	電報欄	(43年4月22日發在新嘉坡帝國領事館電報)	新嘉坡米況	電報
25 明治43年5月5日	12-13頁	(43年2月23日附在新嘉坡帝國領事館報告)	新嘉坡石炭市況 （自一月十六日至二月十五日）	商業
25 明治43年5月5日	40-41頁	(43年2月26日附在新嘉坡帝國領事館報告)	新嘉坡金融状況 （一月中）	貨幣及金融
28 明治43年5月20日	17-19頁	(43年3月12日附在新嘉坡帝國領事館報告)	蘭貢米況 （自二月十二日至同二十五日）	商業
28 明治43年5月20日	19-20頁	(43年3月23日附在新嘉坡帝國領事館報告)	新嘉坡ニ於ケル石炭市況 （自二月十六日至三月十五日）	商業
28 明治43年5月20日	35-37頁	(43年3月21日附在新嘉坡帝國領事館報告)	新嘉坡金融状況 （二月中）	貨幣及金融
29 明治43年5月25日	17-19頁	(43年2月24日附在新嘉坡帝國領事館報告)	蘭貢米況 （自一月二十九日至二月十一日）	商業
31 明治43年6月5日	20-21頁	(43年3月29日附在新嘉坡帝國領事館報告)	蘭貢米況 （自二月二十六日至三月十一日）	商業

4．『通商公報』1913−24年

号数 発行日	ページ	報告者	報告題目	分類

1913年（大正2年）
第1巻
大正2年4−6月
（自第1号至第26号）

号数 発行日	ページ	報告者	報告題目	分類
1 大正2年4月4日	9-10頁	大正2年2月26日附在新嘉坡帝國領事代理副領事岩谷讓吉報告	新嘉坡米況（自二月九日至二月二十二日）	商業
2 大正2年4月7日	84頁	大正2年2月21日附在新嘉坡帝國領事代理副領事岩谷讓吉報告	新嘉坡炭況	商業
3 大正2年4月10日	139頁	大正2年3月10日附在新嘉坡帝國領事代理副領事岩谷讓吉報告	新嘉坡米況（自二月二十三日至三月八日）	商業
7 大正2年4月24日	346頁	大正2年3月26日附在新嘉坡帝國領事代理副領事岩谷讓吉報告	新嘉坡炭況（自二月十六日至三月十五日）	商業
7 大正2年4月24日	346-47頁	大正2年3月30日附在新嘉坡帝國領事代理副領事岩谷讓吉報告	新嘉坡米況（自三月九日至三月二十九日）	商業
10 大正2年5月5日	475-77頁	大正2年3月15日附在新嘉坡帝國領事代理副領事岩谷讓吉報告	鳳梨罐詰及蜜柑　『新嘉坡』	商業
10 大正2年5月5日	504頁	大正2年3月15日附在新嘉坡帝國領事代理副領事岩谷讓吉報告	新嘉坡に於ける蜜柑取扱商	紹介
13 大正2年5月15日	638頁	大正2年4月11日附在新嘉坡帝國領事代理副領事岩谷讓吉報告	新嘉坡金融状況	財政及經濟
18 大正2年6月2日	859-60頁	大正2年4月21日附在新嘉坡帝國領事館事務代理外務書記生皆川太郎報告	新嘉坡炭況（自三月十六日至四月十五日）	商業
18 大正2年6月2日	860頁	大正2年5月1日附在新嘉坡帝國領事館事務代理外務書記生皆川太郎報告	静岡縣水産物の需要　『新嘉坡』	商業
19 大正2年6月5日	907頁	大正2年5月6日附在新嘉坡帝國領事館事務代理外務書記生皆川太郎報告	新嘉坡に於けるバケツの需要	商業
19 大正2年6月5日	942頁	大正2年5月6日附在新嘉坡帝國領事館事務代理外務書記生皆川太郎報告	バケツ取扱商『新嘉坡』	紹介
20 大正2年6月9日	956-57頁	大正2年5月9日附在新嘉坡帝國領事館事務代理外務書記生皆川太郎報告	新嘉坡米況（自三月三十日至五月十日）	商業
22 大正2年6月16日	1053-54頁	大正2年5月16日附在新嘉坡帝國領事館事務代理外務書記生皆川太郎報告	サラワク國貿易状況『千九百十二年度』	商業
22 大正2年6月16日	1054頁	大正2年5月8日附在新嘉坡帝國領事館事務代理外務書記生皆川太郎報告	護謨コバール状況『新嘉坡』	商業
22 大正2年6月16日	1069-71頁	大正2年5月9日附在新嘉坡帝國領事館事務代理外務書記生皆川太郎報告	馬來半島護謨事業状況	林業
22 大正2年6月16日	1085頁	大正2年5月8日附在新嘉坡帝國領事館事務代理外務書記生皆川太郎報告	ゴムコバール取扱商　『新嘉坡』	紹介
23 大正2年6月19日	1099-1100頁	大正2年5月19日附在新嘉坡帝國領事館事務代理外務書記生皆川太郎報告	馬來聯邦護謨輸出数量『千九百十二年』	商業
23 大正2年6月19日	1110-11頁	大正2年5月22日附在新嘉坡帝國領事館事務代理外務書記生皆川太郎報告	馬來半島錫鑛業状況『千九百十二年』	鑛業
26 大正2年6月30日	1229頁	大正2年6月3日附在新嘉坡帝國領事館事務代理外務書記生皆川太郎報告	新嘉坡米況（自五月十七日至同三十一日）	商業
26 大正2年6月30日	1229-30頁	大正2年5月30日附在新嘉坡帝國領事館事務代理外務書記生皆川太郎報告	新嘉坡炭況（自四月十六日至五月十五日）	商業

第2巻
大正2年7−9月
（自第27号至第52号）

号数 発行日	ページ	報告者	報告題目	分類
34 大正2年7月28日	326頁	大正2年6月26日附在新嘉坡帝國領事館事務代理外務書記生皆川太郎報告	新嘉坡米況（自六月一日至六月二十一日）	商業
34 大正2年7月28日	326-27頁	大正2年6月27日附在新嘉坡帝國領事館事務代理外務書記生皆川太郎報告	新嘉坡炭況（自五月十六日至六月十五日）	商業
34 大正2年7月28日	354頁	大正2年6月30日附在新嘉坡帝國領事館事務代理外務書記生皆川太郎報告	新嘉坡金融状況	財政及經濟
37 大正2年8月7日	465頁	大正2年7月8日附在新嘉坡帝國領事館事務代理外務書記生皆川太郎報告	新嘉坡米況（自六月二十二日至七月五日）	商業
41 大正2年8月21日	647-48頁	大正2年7月22日附在新嘉坡帝國領事館事務代理外務書記生皆川太郎報告	新嘉坡米況（自七月六日至七月十九日）	商業
41 大正2年8月21日	648-49頁	大正2年7月21日附在新嘉坡帝國領事館事務代理外務書記生皆川太郎報告	新嘉坡炭況（自六月十六日至七月十五日）	商業
43 大正2年8月28日	751-52頁	大正2年7月31日附在新嘉坡帝國領事館事務代理外務書記生皆川太郎報告	新嘉坡金融状況	財政及經濟
47 大正2年9月11日	885-86頁	大正2年8月12日附在新嘉坡帝國領事藤井實報告	新嘉坡米況（自七月二十日至八月九日）	商業
50 大正2年9月22日	1013-14頁	大正2年8月20日附在新嘉坡帝國領事藤井實報告	新嘉坡炭況（自七月十六日至八月十五日）	商業

第3巻
大正2年10−12月
（自第53号至第77号）

号数 発行日	ページ	報告者	報告題目	分類
54 大正2年10月6日	108頁	大正2年8月30日附在新嘉坡帝國領事藤井實報告	新嘉坡に於ける新船渠の開設	交通及通信
58 大正2年10月20日	237-38頁	大正2年9月20日附在新嘉坡帝國領事藤井實報告	新嘉坡米況（自八月十日至九月六日）	商業

58 大正2年10月20日	238-39頁	大正2年9月20日附在新嘉坡帝國領事藤井實報告	新嘉坡炭況（自八月十六日至九月十五日）	商業
58 大正2年10月20日	239頁	大正2年8月25日附在新嘉坡帝國領事藤井實報告	クリスマス島に於ける燐酸石灰	商業
60 大正2年10月27日	307頁	大正2年9月30日附在新嘉坡帝國領事藤井實報告	新嘉坡米況（自九月七日同至二十七日）	商業
60 大正2年10月27日	343-44頁	大正2年9月29日附在新嘉坡帝國領事藤井實報告	新嘉坡に於ける酒類販賣業者	紹介
68 大正2年11月24日	648頁	大正2年10月20日附在新嘉坡帝國領事藤井實報告	新嘉坡米況（自九月二十八日至十月十八日）	商業
70 大正2年12月1日	735頁	大正2年10月25日附在新嘉坡帝國領事藤井實報告	新嘉坡炭況（自九月十六日至十月十五日）	商業
76 大正2年12月22日	1030頁	大正2年11月24日附在新嘉坡帝國領事藤井實報告	新嘉坡に於ける錫市價	商業
77 大正2年12月25日	1065-67頁	大正2年11月3日附在新嘉坡帝國領事藤井實報告	摸造パナマ帽需要状況『新嘉坡』	商業
77 大正2年12月25日	1096頁	大正2年11月3日附在新嘉坡帝國領事藤井實報告	摸造パナマ帽取扱商	紹介

1914年（大正3年）
第4巻
大正3年1－3月
（自第78號至第101號）

78 大正3年1月8日	42頁	大正2年12月26日附在新嘉坡帝國領事藤井實報告	新嘉坡米況（自大正二年十月十九日至十一月二十二日）	商業
78 大正3年1月8日	42-43頁	大正2年11月27日附在新嘉坡帝國領事藤井實報告	新嘉坡炭況（自大正二年十月十六日至十一月十五日）	商業
81 大正3年1月19日	171頁	大正2年12月3日附在新嘉坡帝國領事藤井實報告	新嘉坡米況（自大正二年十一月二十三日至同二十九日）	商業
91 大正3年2月23日	633-34頁	大正3年1月10日附在新嘉坡帝國領事藤井實報告	新嘉坡炭況（自大正二年十一月十六日至大正二年十二月十五日）	商業
96 大正3年3月12日	898頁	大正3年1月30日附在新嘉坡帝國領事藤井實報告	新嘉坡炭況（自大正二年十二月十六日至大正三年一月十五日）	商業
99 大正3年3月23日	1033頁	大正3年2月12日附在新嘉坡帝國領事藤井實報告	本邦産竹、藁、柳細工品の輸入額並借家料『新嘉坡』	商業
100 大正3年3月26日	1086頁	大正3年2月15日附在新嘉坡帝國領事藤井實報告	新嘉坡米況（自大正二年十一月三十日至大正三年二月七日）	商業

第5巻
大正3年4－6月
（自第102號至第126號）

104 大正3年4月9日	126-27頁	大正3年1月1日附在新嘉坡帝國領事藤井實報告	新嘉坡炭況（自一月十六日至二月十五日）	商業
106 大正3年4月16日	196-97頁	大正3年3月5日附在新嘉坡帝國領事藤井實報告	新嘉坡に豚油輸入の有望	商業
108 大正3年4月23日	283-84頁	大正3年3月17日附在新嘉坡帝國領事藤井實報告	新嘉坡米況（自二月八日至三月十四日）	商業
109 大正3年4月27日	335-39頁	外務省通商局	南洋の水産『其一』馬来半島	水産業
110 大正3年4月30日	393-97頁	外務省通商局	南洋の水産『其二』馬来半島	水産業
111 大正3年5月4日	438-42頁	外務省通商局	南洋の水産『其三』馬来半島	水産業
111 大正3年5月4日	450-51頁	大正3年3月26日附在新嘉坡帝國領事藤井實報告	新嘉坡に於ける金融状況	財政及經濟
112 大正3年5月7日	482-84頁	外務省通商局	南洋の水産『其四』馬来半島	水産業
113 大正3年5月11日	520-21頁	外務省通商局	南洋の水産『其五』馬来半島	水産業
115 大正3年5月18日	593頁	大正3年4月10日附在新嘉坡帝國領事藤井實報告	新嘉坡炭況（自二月十六日至三月十五日）	商業
116 大正3年5月21日	652-55頁	外務省通商局	南洋の水産『其七』馬来半島	水産業
117 大正3年5月28日	709-10頁	外務省通商局	南洋の水産『其八』馬来半島	水産業
117 大正3年5月28日	717頁	大正3年4月22日附在新嘉坡帝國領事藤井實報告	新嘉坡金融状況	財政及經濟
119 大正3年6月4日	800-1頁	大正3年5月7日附在新嘉坡帝國領事藤井實報告	新嘉坡金融状況	財政及經濟
120 大正3年6月8日	824-40頁	外務省通商局	南洋の水産『其一一』馬来半島	水産業
123 大正3年6月18日	969-72頁	外務省通商局	南洋の水産『其一四』馬来半島	水産業
125 大正3年6月25日	1059-66頁	外務省通商局	南洋の水産『其一六』馬来半島	水産業

第6巻
大正3年7－9月
（自第127號至第152號）

134 大正3年7月27日	384-86頁	大正3年6月19日附在新嘉坡帝國領事藤井實報告	日本醤油需要状況『新嘉坡』	商業

134 大正3年7月27日	397頁	大正3年6月19日附在新嘉坡帝國領事藤井實報告	日本醬油販賣業者『新嘉坡』	紹介
139 大正3年8月13日	543-44頁	大正3年6月30日及7月9日附在新嘉坡帝國領事藤井實報告	新嘉坡金融状況	財政及經濟
141 大正3年8月20日	603-6頁	大正3年7月15日附在新嘉坡帝國領事藤井實報告	新嘉坡金融状況『五、六月』	財政及經濟
142 大正3年8月24日	651頁	大正3年7月20日附在新嘉坡帝國領事藤井實報告	活動寫眞用フィルム取扱商『新嘉坡』	紹介
144 大正3年9月1日	728頁	大正3年7月7日附在新嘉坡帝國領事藤井實報告	園藝業者『新嘉坡』	紹介
146 大正3年9月7日	電報1頁	大正3年9月2日著在新嘉坡帝國領事藤井實電報	新嘉坡の財界鎮静	電報
149 大正3年9月17日	目次後		ラブアン港の景	挿畫
149 大正3年9月17日	918-19頁	大正3年8月12日附在新嘉坡帝國領事藤井實報告	北ボルネオ航路	交通及通信

第7巻
大正3年10−12月
（自第153號至第178號）

153 大正3年10月1日	電報1頁	大正3年9月26日著在新嘉坡帝國領事藤井實電報	新嘉坡政聽の輸出制限	電報
153 大正3年10月1日	36-38頁	大正3年8月15日附在新嘉坡帝國領事藤井實報告	新嘉坡金融状況『七月中』	財政及經濟
156 大正3年10月12日	143頁	大正3年9月11日附在新嘉坡帝國領事藤井實報告	粗製護謨の輸出禁止『英領海峡殖民地』	商業
160 大正3年10月26日	電報1頁	大正3年10月20日著在新嘉坡帝國領事藤井實電報	護謨會議開會	電報
160 大正3年10月26日	295-96頁	大正3年9月17日附在新嘉坡帝國領事藤井實報告	歐米商品に代るべき本邦商品『海峡殖民地』	商業
160 大正3年10月26日	332-33頁	大正3年9月14日附在新嘉坡帝國領事藤井實報告	硬質陶器輸出入状況『海峡殖民地』	商業
161 大正3年10月29日	376-78頁	大正3年9月20日附在新嘉坡帝國領事藤井實報告	新嘉坡金融状況『八月中』	財政及經濟
162 大正3年11月2日	409頁	大正3年9月30日附在新嘉坡帝國領事藤井實報告	新嘉坡石炭市況（自八月十五日至九月十五日）	商業
164 大正3年11月9日	519頁	外務省通商局	英領海峡殖民地に於ける船醫資格	交通及通信
171 大正3年12月3日	電報1頁	大正3年11月28日著在新嘉坡帝國領事藤井實電報	海峡殖民地郵便物檢査	電報
171 大正3年12月3日	810-13頁	大正3年10月17日附在新嘉坡帝國領事藤井實報告	彼南漁業規則改定	關税及諸法規

1915年（大正4年）
第8巻
大正4年1−3月
（自第179號至第201號）

179 大正4年1月11日	33-34頁	大正3年11月30日附在新嘉坡帝國領事藤井實報告	海峡殖民地に於ける護謨栽培事業	農業
179 大正4年1月11日	41-45頁	大正3年11月26日附在新嘉坡帝國領事藤井實報告	新嘉坡金融竝經濟状況『大正三年九、十月中』	財政及經濟
180 大正4年1月14日	72-73頁	大正3年12月5日附在新嘉坡帝國領事藤井實報告	新嘉坡石炭市況（自大正三年九月十六日至同十月十五日）	商業
181 大正4年1月18日	126頁	大正3年12月5日附在新嘉坡帝國領事藤井實報告	新嘉坡に於ける椰子實輸出状況	商業
182 大正4年1月21日	181頁	大正3年11月26日附在新嘉坡帝國領事藤井實報告	板紙需要状況『新嘉坡』	商業
182 大正4年1月21日	182頁	大正3年12月3日附在新嘉坡帝國領事藤井實報告	南洋に於ける薄荷玉の販賣	商業
182 大正4年1月21日	214頁	大正3年11月26日附在新嘉坡帝國領事藤井實報告	板紙取扱商『新嘉坡』	紹介
183 大正4年1月25日	243-52頁	大正3年12月17日附在新嘉坡帝國領事藤井實報告	最近英領海峡殖民地事情	各地事情
184 大正4年1月28日	305-8頁	大正3年12月23日附在新嘉坡帝國領事藤井實報告	新嘉坡金融竝經濟状況『大正三年十一月』	財政及經濟
185 大正4年2月1日	344-45頁	大正3年12月23日附在新嘉坡帝國領事藤井實報告	新嘉坡炭況（自大正三年十一月十六日至同十二月十五日）	商業
186 大正4年2月4日	407-8頁	大正3年12月8日附在新嘉坡帝國領事藤井實報告	護謨汁器需要状況『馬来半島』	商業
186 大正4年2月4日	431-33頁	大正3年12月8日附在新嘉坡帝國領事藤井實報告	日本人護謨栽培業者『ジョホール』	紹介
189 大正4年2月15日	614頁	大正4年1月18日附在新嘉坡帝國領事藤井實報告	セメント輸入商『彼南』	紹介
190 大正4年2月18日	661頁	大正3年12月4日附在新嘉坡帝國領事藤井實報告	硝子器及雑貨商『新嘉坡』	紹介
191 大正4年2月22日	717-18頁	大正3年12月15日附在新嘉坡帝國領事藤井實報告	具釦取扱商『新嘉坡』	紹介
193 大正4年3月1日	815頁	外務省通商局	新嘉坡の輸出禁止品	關税及諸法規
194 大正4年3月4日	電報1頁	大正4年2月26日著在新嘉坡帝國領事藤井實電報	海峡殖民地砂糖及籐輸出禁止	電報

196 大正4年3月11日	電報1頁	大正4年3月5日著在新嘉坡帝國領事藤井實電報	甲板船客搬入禁止『海峡殖民地』	電報
196 大正4年3月11日	電報1頁	大正4年3月5日著在新嘉坡帝國領事藤井實電報	籐輸出解禁『海峡殖民地』	電報
196 大正4年3月11日	電報1-2頁	大正4年3月7日著在新嘉坡帝國領事藤井實電報	甲板船客搬入更に禁止	電報
196 大正4年3月11日	989頁	大正4年2月8日附在新嘉坡帝國領事藤井實報告	甲板客の搬入禁止『海峡殖民地』	關税及諸法規
201 大正4年3月29日	電報2頁	大正4年3月22日著在新嘉坡帝國領事藤井實電報	錫輸出禁止『海峡殖民地』	電報

第9巻
大正4年4－6月
（自第202號至第227號）

203 大正4年4月5日	59-60頁	大正4年1月29日附在新嘉坡帝國領事藤井實報告	新嘉坡石炭市況（自大正三年十二月十五日至同四年一月十五日）	商業
203 大正4年4月5日	71-77頁	大正4年2月27日附在新嘉坡帝國領事藤井實報告	新嘉坡金融及經濟状況『十二月及一月中』	財政及經濟
204 大正4年4月8日	電報1頁	人正4年4月2日著在新嘉坡帝國領事藤井實電報	甲板船客搬入制限『海峡殖民地』	電報
207 大正4年4月19日	258-59頁	大正4年3月18日附在新嘉坡帝國領事藤井實報告	新嘉坡石炭市況（自一月十六日至二月十五日）	商業
208 大正4年4月22日	333-34頁	大正4年3月25日附在新嘉坡帝國領事藤井實報告	暗號電信譜使用範圍の擴張	交通及通信
209 大正4年4月26日	344-54頁	大正4年3月20日附在新嘉坡帝國領事藤井實報告	英領海峡殖民地貿易概況『大正二年度』	商業
210 大正4年4月29日	420頁	大正4年3月23日附在新嘉坡帝國領事藤井實報告	新嘉坡輸出禁止品追加	關税及諸法規
211 大正4年5月3日	479-82頁	外務省通商局	新嘉坡の輸出禁止品	關税及諸法規
218 大正4年5月27日	826-27頁	大正4年4月10日附在新嘉坡帝國領事藤井實報告	新嘉坡石炭市況（自二月十六日至三月十五日）	商業
218 大正4年5月27日	838-44頁	大正4年4月10日附在新嘉坡帝國領事藤井實報告	新嘉坡金融並經濟状況『二月』	財政及經濟
220 大正4年6月3日	918-19頁	大正4年5月5日附在新嘉坡帝國領事藤井實報告	新嘉坡石炭市況（自三月十五日至四月十五日）	商業
221 大正4年6月7日	973-74頁	大正4年5月6日附在新嘉坡帝國領事藤井實報告	世界栽培護謨産額豫想『千九百十五年度』	農業
225 大正4年6月21日	1187頁	大正4年5月12日附在新嘉坡帝國領事藤井實報告	新嘉坡に於ける硝子器商況	商業
225 大正4年6月21日	1237頁	大正4年5月13日附在新嘉坡帝國領事藤井實報告	硝子器取扱商『新嘉坡』	紹介
227 大正4年6月28日	1297頁	大正4年5月10日附在新嘉坡帝國領事藤井實報告	人力車の需要『新嘉坡』	商業

第10巻
大正4年7－9月
（自第228號至第254號）

229 大正4年7月5日	82-83頁	大正4年5月22日附在新嘉坡帝國領事藤井實報告	特認電信暗號簿並使用區域『海峡殖民地』	交通及通信
230 大正4年7月8日	138頁	大正4年5月3日附在新嘉坡帝國領事藤井實報告	鐵器具取扱商『新嘉坡』	紹介
232 大正4年7月15日	電報1頁	大正4年7月8日著在新嘉坡帝國領事藤井實電報	甲板船客輸入規則廃止『新嘉坡』	電報
233 大正4年7月19日	253-54頁	大正4年6月9日附在新嘉坡帝國領事藤井實報告	新嘉坡に於ける漁網の需要	商業
233 大正4年7月19日	260-62頁	大正4年6月9日附在新嘉坡帝國領事藤井實報告	新嘉坡に於ける漁業状況	水産業
233 大正4年7月19日	263頁	大正4年6月8日附在新嘉坡帝國領事藤井實報告	新嘉坡の輸出禁止期間延長	關税及諸法規
233 大正4年7月19日	265頁	大正4年6月9日附在新嘉坡帝國領事藤井實報告	漁網取扱商『新嘉坡』	紹介
237 大正4年8月2日	412-13頁	大正4年6月16日附在新嘉坡帝國領事藤井實報告	新嘉坡の鮭罐詰市況	商業
237 大正4年8月2日	413-14頁	大正4年6月25日附在新嘉坡帝國領事藤井實報告	新嘉坡に於ける鳳梨罐詰	商業
237 大正4年8月2日	441頁	外務省通商局	新嘉坡に於ける輸出禁止貨物積換解禁	關税及諸法規
238 大正4年8月5日	476頁	大正4年6月14日附在新嘉坡帝國領事藤井實報告	新嘉坡石炭市況（自四月十六日至五月十五日）	商業
239 大正4年8月9日	537-41頁	大正4年7月12日附在新嘉坡帝國領事藤井實報告	馬来聯合州近状『大正三年』	各地事情
240 大正4年8月12日	582-83頁	大正4年6月25日附在新嘉坡帝國領事藤井實報告	新嘉坡旅客規則	關税及諸法規
243 大正4年8月23日	736-37頁	大正4年7月18日附在新嘉坡帝國領事藤井實報告	新嘉坡輸出禁止訂正追加	關税及諸法規
244 大正4年8月26日	775-76頁	大正4年7月18日附在新嘉坡帝國領事藤井實報告	新嘉坡石炭市況（自五月十六日至六月十五日）	商業
245 大正4年8月30日	854-58頁	大正4年7月23日附在新嘉坡帝國領事藤井實報告	新嘉坡金融及經濟状況『五月』	財政及經濟

245	大正4年8月30日	860頁	大正4年7月22日附在新嘉坡帝國領事藤井實報告	新嘉坡輸出禁止品訂正追加	關税及諸法規
246	大正4年9月2日	898-99頁	大正4年7月27日附在新嘉坡帝國領事藤井實報告	煽風器の需要『新嘉坡』	商業
246	大正4年9月2日	913頁	大正4年7月27日附在新嘉坡帝國領事藤井實報告	煽風器取扱商『新嘉坡』	紹介
247	大正4年9月6日	931頁	大正4年7月29日附在新嘉坡帝國領事藤井實報告	自轉車の需要『新嘉坡』	商業
249	大正4年9月13日	1010-13頁	大正4年7月29日附在新嘉坡帝國領事藤井實報告	海峡殖民地に及ぼせる戦争の影響	商業
249	大正4年9月13日	1013-20頁	大正4年7月29日附在新嘉坡帝國領事藤井實報告	海峡殖民地貿易年報『千九百十四年』	商業
253	大正4年9月27日	1228-31頁	大正4年8月6日16日及27日附在新嘉坡帝國領事藤井實報告	新嘉坡輸出禁止品改訂追加	關税及諸法規

第11巻
大正4年10－12月
（自第255號至第278號）

257	大正4年10月11日	95頁	大正4年8月23日附在新嘉坡帝國領事藤井實報告	乾電池懐中電燈調帯需要状況『新嘉坡』	商業
257	大正4年10月11日	134頁	大正4年8月23日附在新嘉坡帝國領事藤井實報告	電氣器具取扱商『新嘉坡』	紹介
260	大正4年10月21日	278頁	大正4年9月13日附在新嘉坡帝國領事藤井實報告	英領北ボルネオ輸出禁止品	關税及諸法規
260	大正4年10月21日	283頁	大正4年8月26日附在新嘉坡帝國領事藤井實報告	家具取扱商『新嘉坡』	紹介
261	大正4年10月24日	298-99頁	大正4年9月15日附在新嘉坡帝國領事藤井實報告	海峡殖民地輸出入業者に對する注意	關税及諸法規
262	大正4年10月28日	359-63頁	大正4年9月15日附在新嘉坡帝國領事藤井實報告	新嘉坡金融並經濟状況『七月』	財政及經濟
266	大正4年11月15日	546頁	大正4年9月20日附在新嘉坡帝國領事藤井實報告	自轉車取扱商『新嘉坡』	紹介
268	大正4年11月22日	609頁	大正4年10月15日附在新嘉坡帝國領事藤井實報告	支那移民船醫者資格『海峡殖民地』	検疫並衛生
269	大正4年11月25日	640-45頁	大正4年10月23日附在新嘉坡帝國領事藤井實報告	新嘉坡金融並經濟状況『八月』	財政及經濟
272	大正4年12月6日	777頁	大正4年10月28日附在新嘉坡帝國領事藤井實報告	新嘉坡石炭市況（自八月十六日自九月十五日）	商業
272	大正4年12月6日	802頁	大正4年8月26日附在新嘉坡帝國領事藤井實報告	手捲煙草用ライスペーパー取扱商『新嘉坡』	紹介
275	大正4年12月16日	907-08頁	大正4年11月8日附在新嘉坡帝國領事藤井實報告	新嘉坡に於ける鑛油及阿仙薬	商業
275	大正4年12月16日	926頁	大正4年11月8日附在新嘉坡帝國領事藤井實報告	木臘、油類及鑛油取扱商『新嘉坡』	紹介
278	大正4年12月27日	1024頁	大正4年11月21日附在新嘉坡帝國領事藤井實報告	新嘉坡石炭市況（自九月十六日自十月十五日）	商業

1916年（大正5年）
第12巻
大正5年1－3月
（自第279號至第302號）

279	大正5年1月10日	33-37頁	大正4年11月28日附在新嘉坡帝國領事藤井實報告	新嘉坡金融並經濟済状況『大正四年九月』	財政及經濟
281	大正5年1月17日	145頁	大正4年11月17日附在新嘉坡帝國領事藤井實報告	ポートランドセメント及氷醋酸取扱商『新嘉坡』	紹介
283	大正5年1月24日	226-27頁	大正4年12月3日及20日附在新嘉坡帝國領事藤井實報告	指定荷受取人を要する新嘉坡輸出貨物	關税及諸法規
283	大正5年1月24日	232頁	大正4年12月15日附在新嘉坡帝國領事藤井實報告	阿仙薬取扱商『新嘉坡』	紹介
284	大正5年1月27日	262-66頁	大正4年12月30日附在新嘉坡帝國領事藤井實報告	新嘉坡金融並經濟済状況『大正四年十月』	財政及經濟
290	大正5年2月17日	559-62頁	大正5年1月17日附在新嘉坡帝國領事藤井實報告	新嘉坡金融並經濟済状況『大正四年十一月』	財政及經濟
290	大正5年2月17日	563-72頁	外務省通商局	新嘉坡輸出禁止品目改定表	關税及諸法規
291	大正5年2月21日	586頁	大正4年11月21日附在新嘉坡帝國領事藤井實報告	石盤需給状況『新嘉坡』	商業
291	大正5年2月21日	619頁	大正4年11月21日附在新嘉坡帝國領事藤井實報告	石盤取扱商『新嘉坡』	紹介
292	大正5年2月24日	624-25頁	大正5年1月19日附在新嘉坡帝國領事藤井實報告	染料需給状況『新嘉坡』	商業
292	大正5年2月24日	625-27頁	大正5年1月9日附在新嘉坡帝國領事藤井實報告	新嘉坡石炭市況（大正四年自十月十六日至十二月十五日）	商業
292	大正5年2月24日	662-63頁	大正5年1月27日附在新嘉坡帝國領事藤井實報告	本邦輸出業者に對する注意『新嘉坡』	雑報
295	大正5年3月6日	811頁	大正5年2月1日附在新嘉坡帝國領事藤井實報告	新嘉坡輸出禁止品目改定追加	關税及諸法規
296	大正5年3月9日	824-33頁	大正5年1月25日附在新嘉坡帝國領事藤井實報告	海峡殖民地貿易近況	商業
297	大正5年3月13日	876-77頁	大正5年2月5日附在新嘉坡帝國領事藤井實報告	護謨需給状況『新嘉坡』	商業

第14巻
大正5年7－9月
（自第329號至第354號）

329	大正5年7月3日 9-10頁	大正5年5月28日附在新嘉坡帝國領事藤井實報告	新嘉坡石炭市況（自四月十六日至五月十五日）	商業
329	大正5年7月3日 10頁	大正5年6月8日附在新嘉坡帝國領事藤井實報告	新嘉坡護謨相場下落	商業
329	大正5年7月3日 40-41頁	大正5年5月29日附在新嘉坡帝國領事藤井實報告	新嘉坡輸出禁止品目改正	關稅及諸法規
330	大正5年7月6日 電報欄	外務省通商局	馬来聯邦州に於ける本邦醫開業資格擴張	電報
330	大正5年7月6日 71頁	大正5年5月18日附在新嘉坡帝國領事藤井實報告	新嘉坡染色毛絲輸入額表	商業
330	大正5年7月6日 93-94頁	大正5年5月18日附在新嘉坡帝國領事藤井實報告	染色毛絲輸入商『新嘉坡』	紹介
332	大正5年7月13日 140-1頁	大正5年5月18日附在新嘉坡帝國領事藤井實報告	新嘉坡カーバイド輸入状況	商業
332	大正5年7月13日 141-43頁	大正5年5月25日附在新嘉坡帝國領事藤井實報告	新嘉坡醋酸需要状況	商業
332	大正5年7月13日 177-80頁	大正5年6月5日附在新嘉坡帝國領事藤井實報告	英領北ボルネオ州タワオ衛生状況	檢疫竝衛生
333	大正5年7月17日 207頁	大正5年6月19日附在新嘉坡帝國領事藤井實報告	海峡殖民地輸入酒類増税竝輸入煙草課税	關稅及諸法規
334	大正5年7月20日 242-43頁	大正5年5月14日附在新嘉坡帝國領事藤井實報告	新嘉坡に於ける日本酒	商業
335	大正5年7月24日 308-11頁	大正5年6月15日附在新嘉坡帝國領事藤井實報告	ジョホール事情	各地事情
336	大正5年7月27日 358頁	外務省通商局	ジョホール王國に於ける本邦醫の開業資格認許	檢疫竝衛生
338	大正5年8月3日 414-15頁	大正5年7月5日附在新嘉坡帝國領事藤井實報告	新嘉坡金融經濟済状況	財政及經濟
339	大正5年8月7日 462-78頁	外務省通商局	新嘉坡輸出禁止品目種別表	關稅及諸法規
339	大正5年8月7日 482-84頁	大正5年6月23日附在新嘉坡帝國領事藤井實報告	ブルネイ國事情	各地事情
342	大正5年8月17日 586頁	大正5年7月15日附在新嘉坡帝國領事藤井實報告	新嘉坡石炭市況（自五月十六日至六月十五日）	商業
343	大正5年8月21日 660-61頁	外務省通商局	新嘉坡輸出禁止品目種別表改訂	關稅及諸法規
345	大正5年8月28日 712-13頁	大正5年7月29日附在新嘉坡帝國領事藤井實報告	新嘉坡石炭商況（自六月十六日至七月十五日）	商業
345	大正5年8月28日 726-31頁	大正5年7月27日附在新嘉坡帝國領事藤井實報告	新嘉坡に於ける貨幣及金融機關	財政及經濟
349	大正5年9月11日 901頁	大正5年7月31日附在新嘉坡帝國領事藤井實報告	香港よりの入港船舶に對する檢疫解除『新嘉坡』	檢疫竝衛生
349	大正5年9月11日 902-3頁	大正5年5月1日附在新嘉坡帝國領事藤井實報告	各地慣用の度量衡『新嘉坡』	雑報
350	大正5年9月14日 921頁	大正5年8月8日附在新嘉坡帝國領事館事務代理横山詠太郎報告	膠原料需給状況『新嘉坡』	商業
350	大正5年9月14日 921-23頁	大正5年8月16日附在新嘉坡帝國領事館事務代理横山詠太郎報告	清涼飲料水需給状況『新嘉坡』	商業
350	大正5年9月14日 954頁	大正5年8月16日附在新嘉坡帝國領事館事務代理横山詠太郎報告	清涼飲料水製造販賣業者『新嘉坡』	紹介
352	大正5年9月21日 1003-4頁	大正5年8月24日附在新嘉坡帝國領事館事務代理横山詠太郎報告	新嘉坡石炭商況（自七月十六日至八月十五日）	商業
352	大正5年9月21日 1031頁	大正5年8月22日附在新嘉坡帝國領事館事務代理横山詠太郎報告	英領北ボルネオ入國規制	關稅及諸法規
352	大正5年9月21日 1036-39頁	大正5年8月19日附在新嘉坡帝國領事館事務代理横山詠太郎報告	新嘉坡及馬来半島に於ける労働者竝労銀	移民及労働

第15巻
大正5年10－12月
（自第355號至第380號）

360	大正5年10月19日	291-92頁	大正5年8月31日附在新嘉坡帝國領事館事務代理横山詠太郎報告	洋紙類取扱商及需要業者	紹介
363	大正5年10月30日	432-33頁	外務省通商局	英國殖民地及其属領地に於ける外國人上陸制限港名	關稅及諸法規
365	大正5年11月6日	522頁	大正5年9月27日附在新嘉坡帝國領事館事務代理横山詠太郎報告	寫眞材料商竝寫眞館『新嘉坡』	紹介
366	大正5年11月9日	527-28頁	大正5年10月9日附在新嘉坡帝國領事館事務代理横山詠太郎報告	新嘉坡石炭市況（自八月十六日至九月十五日）	商業
368	大正5年11月16日	628-30頁	大正5年10月13日附在新嘉坡帝國領事館事務代理横山詠太郎報告	新嘉坡金融竝經濟済状況『八月』	財政及經濟
373	大正5年12月4日	842-43頁	大正5年10月20日附在新嘉坡帝國領事館事務代理横山詠太郎報告	新嘉坡石炭市況（自九月十六日至十月十五日）	商業

1917年（大正6年）
第16巻
大正6年1－3月
（自第381號至第403號）

384	大正6年1月22日	168頁	大正5年12月15日附在新嘉坡帝國領事館事務代理横山詠太郎報告	馬来聯邦州汽車汽船賃金改正	交通及通信
385	大正6年1月25日	238-39頁	外務省通商局	馬来聯邦州輸入税	關税及諸法規
386	大正6年1月29日	260-61頁	大正5年12月22日附在新嘉坡帝國領事館事務代理横山詠太郎報告	新嘉坡石炭市況（大正五年自十月十六日至十一月十五日）	商業
390	大正6年2月12日	487頁	大正5年12月20日附在新嘉坡帝國領事館事務代理横山詠太郎報告	新嘉坡に於ける人力車數	交通及通信
399	大正6年3月15日	879頁	大正6年2月13日附在新嘉坡帝國領事山崎平吉報告	新嘉坡に於ける玩具需要狀況	商業
399	大正6年3月15日	921頁	大正6年2月13日附在新嘉坡帝國領事山崎平吉報告	玩具取扱商『新嘉坡』	紹介
401	大正6年3月22日	973-74頁	大正6年2月16日附在新嘉坡帝國領事山崎平吉報告	新嘉坡石炭市況（大正五年自十二月十六日至大正六年一月十五日）	商業

第17巻
大正6年4－6月
（自第404號至第429號）

404	大正6年4月2日	52頁	大正6年2月27日附在新嘉坡帝國領事山崎平吉報告	各種商品取扱商『新嘉坡』	紹介
406	大正6年4月9日	136頁	大正6年2月27日附在新嘉坡帝國領事山崎平吉報告	陶磁器取扱商『新嘉坡』	紹介
408	大正6年4月16日	192-93頁	大正6年2月28日附在新嘉坡帝國領事山崎平吉報告	新嘉坡に於ける本邦製自轉車	商業
408	大正6年4月16日	232頁	大正6年2月28日附在新嘉坡帝國領事山崎平吉報告	自轉車及護謨製品取扱商『新嘉坡』	紹介
409	大正6年4月19日	235頁	大正6年3月20日附在新嘉坡帝國領事山崎平吉報告	新嘉坡石炭市況（自一月十六日至三月十五日）	商業
410	大正6年4月23日	330頁	大正6年2月27日附在新嘉坡帝國領事山崎平吉報告	主要各種商店『新嘉坡』	紹介
411	大正6年4月26日	335-36頁	大正6年3月23日附在新嘉坡帝國領事山崎平吉報告	新嘉坡に於ける主要商品價格	商業
411	大正6年4月26日	378頁	大正6年3月23日附在新嘉坡帝國領事山崎平吉報告	賣藥取扱商『新嘉坡』	紹介
413	大正6年5月3日	470-72頁	大正6年3月21日附在新嘉坡帝國領事山崎平吉報告	各種本邦商店『新嘉坡』	紹介
416	大正6年5月14日	593頁	大正6年4月4日附在新嘉坡帝國領事山崎平吉報告	新嘉坡石炭商況（自二月十六日至三月十五日）	商業
416	大正6年5月14日	610-11頁	外務省通商局	海峽殖民地戰時税法施行	關税及諸法規
418	大正6年5月21日	689-710頁	外務省通商局	新嘉坡輸出禁止品目表	關税及諸法規
423	大正6年6月7日	931頁	大正6年4月30日附在新嘉坡帝國領事山崎平吉報告	新嘉坡石炭商況（自三月十六日至四月十五日）	商業
428	大正6年6月25日	1156-57頁	外務省通商局	海峽殖民地輸入禁止令	關税及諸法規

第18巻
大正6年7－9月
（自第430號至第455號）

431	大正6年7月5日	50-51頁	大正6年5月23日附在新嘉坡帝國領事山崎平吉報告	鹽乾魚需給狀況『新嘉坡』	商業
431	大正6年7月5日	91頁	大正6年5月23日附在新嘉坡帝國領事山崎平吉報告	鹽乾魚取扱商『新嘉坡』	紹介
432	大正6年7月9日	100頁	大正6年6月11日附在新嘉坡帝國領事山崎平吉報告	新嘉坡石炭商況（自四月十六日至五月十五日）	商業
440	大正6年8月6日	466-89頁	大正6年6月12日附在新嘉坡帝國領事山崎平吉報告	海峽殖民地貿易年報『大正四年』	商業
441	大正6年8月9日	521頁	大正6年7月14日附在新嘉坡帝國領事山崎平吉報告	新嘉坡石炭商況（自五月十六日至六月十五日）	商業
442	大正6年8月13日	586頁	外務省通商局	馬来聯邦州に於ける護謨園條例	關税及諸法規
443	大正6年8月16日	625頁	大正6年7月5日附在新嘉坡帝國領事山崎平吉報告	海峽殖民地旅券規則改正	關税及諸法規
444	大正6年8月20日	664-65頁	大正6年7月2日附在新嘉坡帝國領事山崎平吉報告	海峽殖民地外國人登録規則	關税及諸法規
449	大正6年9月6日	831頁	大正6年7月20日附在新嘉坡帝國領事山崎平吉報告	本邦製浴巾に付て『新嘉坡』	商業
449	大正6年9月6日	867頁	大正6年6月19日附在新嘉坡帝國領事山崎平吉報告	人形取扱商『新嘉坡』	紹介
449	大正6年9月6日	867-68頁	大正6年7月12日附在新嘉坡帝國領事山崎平吉報告	莫大小製品取扱商『新嘉坡』	紹介
451	大正6年9月13日	908-9頁	大正6年7月25日附在新嘉坡帝國領事山崎平吉報告	綿莫大小製品需給狀況『新嘉坡』	商業
453	大正6年9月20日	997-98頁	大正6年8月5日附在新嘉坡帝國領事山崎平吉報告	新嘉坡に於ける醋酸需給狀況	商業

542 大正7年8月8日	496-97頁	大正7年5月21日附在新嘉坡帝國領事山崎平吉報告	印刷物需要者及印刷業者『新嘉坡』	紹介
542 大正7年8月8日	497頁	大正7年5月28日附在新嘉坡帝國領事山崎平吉報告	煉乳輸入商『新嘉坡』	紹介
551 大正7年9月9日	767-70頁	大正7年7月19日附在新嘉坡帝國領事山崎平吉報告	新嘉坡地方澱粉需給状況	商業
551 大正7年9月9日	789頁	大正7年7月19日附在新嘉坡帝國領事山崎平吉報告	澱粉類取扱本邦商『新嘉坡』	紹介
552 大正7年9月12日	797-98頁	大正7年8月10日附在新嘉坡帝國領事山崎平吉報告	新嘉坡石炭商況（自六月十五日至七月十五日）	商業

第23巻
大正7年10−12月
（自第558號至第582號）

561 大正7年10月14日	159-60頁	大正7年7月12日附在新嘉坡帝國領事山崎平吉報告	海峡殖民地外國人登録規則改正	關税及外國諸法規
566 大正7年11月1日	366-67頁	大正7年9月16日及同月26日附在新嘉坡帝國領事山崎平吉報告	新嘉坡石炭商況（自七月十六日至九月十五日）	商業
575 大正7年12月2日	756-57頁	大正7年10月25日附在新嘉坡帝國領事山崎平吉報告	新嘉坡石炭商況（自九月十六日至十一月十五日）	商業
577 大正7年12月9日	812頁	大正7年11月1日附在新嘉坡帝國領事山崎平吉報告	新嘉坡に於ける本邦製人力車需給状況	商業
577 大正7年12月9日	831頁	大正7年11月1日附在新嘉坡帝國領事山崎平吉報告	人力車取扱商『新嘉坡』	紹介
580 大正7年12月19日	929頁	大正7年7月11日附在新嘉坡帝國領事山崎平吉報告	商工業者人名録『新嘉坡』	紹介
582 大正7年12月26日	971-72頁	大正7年11月20日附在新嘉坡帝國領事山崎平吉報告	新嘉坡に於ける大豆、豆油、豆粕輸入状況	商業

1919年（大正8年）
第24巻
大正8年1−3月
（自第583號至第606號）

586 大正8年1月20日	126頁	大正7年12月5日附在新嘉坡帝國領事山崎平吉報告	新嘉坡石炭商況（自大正七年十月十六日至同十一月十五日）	商業
592 大正8年2月10日	374-75頁	大正7年12月30日附在新嘉坡帝國領事山崎平吉報告	新嘉坡石炭商況（自大正七年十一月十五日至十二月十五日）	商業
603 大正8年3月20日	882頁	大正8年1月25日附在新嘉坡帝國領事山崎平吉報告	新嘉坡石炭商況（自大正七年十二月十五日至同八年一月十五日）	商業
605 大正8年3月27日	1012頁	大正8年2月18日附在新嘉坡帝國領事山崎平吉報告	化學製品紙及皮革輸入商『新嘉坡』	紹介

第25巻
大正8年4−6月
（自第607號至第633號）

609 大正8年4月10日	101-2頁	大正8年2月24日附在新嘉坡帝國領事山崎平吉報告	新嘉坡石炭商況（自一月十五日至二月十五日）	商業
612 大正8年4月21日	275頁	大正8年2月18日附在新嘉坡帝國領事山崎平吉報告	波形板、鐵器及銅鐵器輸入商『新嘉坡』	紹介
620 大正8年5月19日	645頁	外務省通商局	新嘉坡商品陳列館規定及出品規則改正	對外通商法規
626 大正8年6月5日	835頁	大正8年4月20日附在新嘉坡帝國領事山崎平吉報告	新嘉坡石炭商況（自二月十五日至三月十五日）	商業
628 大正8年6月12日	928-29頁	大正8年5月2日附在新嘉坡帝國領事山崎平吉報告	新嘉坡石炭商況（自三月十五日至四月十五日）	商業
629 大正8年6月16日	1001-2頁	大正8年5月13日附在新嘉坡帝國領事山崎平吉報告	海峡殖民地及附近に於ける本邦人状況	在外本邦人

第26巻
大正8年7−9月
（自第634號至第660號）

634 大正8年7月3日	15頁	大正8年5月22日附在新嘉坡帝國領事山崎平吉報告	新嘉坡石炭商況（自四月十五日至五月十五日）	商業
652 大正8年9月1日	電1頁	大正8年8月25日發在新嘉坡帝國總領事代理領事山崎平吉電報	海峡殖民地に於ける電報檢閲廃止	電報
655 大正8年9月11日	電1-2頁	大正8年9月2日著在新嘉坡帝國總領事代理領事山崎平吉電報	海峡殖民地其他に於ける護謨栽培土地制限條例廃止	電報
655 大正8年9月11日	電2頁	大正8年9月4日發在新嘉坡帝國總領事代理領事山崎平吉電報	馬来聯邦州に於ける護謨栽培地制限條例廃止	電報
656 大正8年9月15日	電1頁	大正8年9月5日發在新嘉坡帝國總領事代理領事山崎平吉電報	海峡殖民地護謨栽培地制限條例廃止	電報
658 大正8年9月22日	電1頁	大正8年9月17日發在新嘉坡帝國總領事代理領事山崎平吉電報	ジョホール州護謨栽培地制限條例廃止	電報
659 大正8年9月25日	電1頁	大正8年9月17日發在新嘉坡帝國總領事代理領事山崎平吉電報	ジョホール州護謨栽培地制限撤廃	電報

893 大正10年12月1日	速3-5頁	大正10年10月21日附在新嘉坡浮田總領事報告	大正9年度英領北ボルネオ州通商及航海概況	速報
893 大正10年12月1日	28-30頁	大正10年9月19日附在新嘉坡帝國總領事浮田郷次報告	新嘉坡に於ける鳳梨鑵詰業	工業
893 大正10年12月1日	55頁	大正10年9月19日附在新嘉坡帝國總領事浮田郷次報告	鳳梨鑵詰製造工場竝輸出商（新嘉坡）	紹介
894 大正10年12月5日	速8-11頁	大正10年10月27日附在新嘉坡帝國總領事浮田郷次報告	海峡植民地市場に再現したる獨逸商品	速報
895 大正10年12月8日	速7-8頁	大正10年11月5日附在新嘉坡帝國總領事浮田郷次報告	海峡植民地に於けるセメント需給状況	速報
895 大正10年12月8日	1-13頁	大正10年10月15日附在新嘉坡帝國總領事浮田郷次報告	新嘉坡に於ける帽子需給状況	商業
896 大正10年12月12日	34-35頁	大正10年11月3日附在新嘉坡帝國總領事浮田郷次報告	海峡殖民地方面に於ける栽培護謨竝護謨加工品に對する輸出入關税率	關税
897 大正10年12月15日	電2頁	大正10年10月23日著在新嘉坡帝國領事浮田郷次電報	馬來聯邦政府のマッチ輸入税賦課	電報
897 大正10年12月15日	速6頁	大正10年11月8日附在新嘉坡帝國領事浮田郷次報告	濠洲政府航路擴張	速報
897 大正10年12月15日	19頁	大正10年11月9日附在新嘉坡帝國總領事浮田郷次報告	新嘉坡石炭市況	商業
899 大正10年12月22日	1-21頁	大正10年11月3日附在新嘉坡帝國總領事浮田郷次報告	新嘉坡に於ける硝子器需給状況	商業

1922年（大正11年）
第36巻
大正11年 1 － 3 月
（自第901號至第927號）

902 大正11年1月9日	速13頁	大正10年12月5日附在新嘉坡浮田總領事報告	新嘉坡に於ける琺瑯鐵器需要状況	速報
902 大正11年1月9日	18-23頁	大正10年11月18日附在新嘉坡帝國總領事浮田郷次報告	新嘉坡に於ける楽器賣行状況	商業
902 大正11年1月9日	27頁	大正10年11月18日附在新嘉坡帝國總領事浮田郷次報告	新嘉坡石炭市況『十月』	商業
902 大正11年1月9日	60-61頁	大正10年11月18日附在新嘉坡帝國總領事浮田郷次報告	楽器取扱商（新嘉坡）	紹介
905 大正11年1月19日	39-41頁	大正10年12月26日著在新嘉坡帝國總領事浮田郷次報告	馬來半島に於ける燐寸輸入税賦課	關税
906 大正11年1月23日	26-27頁	大正10年12月15日附在新嘉坡帝國總領事浮田郷次報告	新嘉坡石炭市況『十一月』	商業
908 大正11年1月30日	46頁	大正10年12月22日附在新嘉坡帝國總領事浮田郷次報告	サラワク王國外國會社條例	外國法規
910 大正11年2月2日	62-63頁	外務省通商局	九月中護謨輸出高『馬來聯邦、海峡殖民地』	雑報
911 大正11年2月6日	11-18頁	大正10年12月5日附在新嘉坡帝國總領事浮田郷次報告	新嘉坡に於ける琺瑯鐵器需要状況	商業
911 大正11年2月6日	41頁	大正10年12月5日附在新嘉坡帝國總領事浮田郷次報告	琺瑯鐵器取扱商『新嘉坡』	紹介
913 大正11年2月13日	6-9頁	大正10年11月15日附在新嘉坡帝國總領事浮田郷次報告	新嘉坡に於ける時計賣行状況	商業
913 大正11年2月13日	62-63頁	大正10年11月15日附在新嘉坡帝國總領事浮田郷次報告	時計取扱商（新嘉坡）	紹介
915 大正11年2月20日	1-4頁	大正10年12月14日附在新嘉坡帝國總領事代理副領事市川信也報告	新嘉坡に於ける樅箱及ベニヤ箱材料賣行状況	商業
915 大正11年2月20日	51-52頁	大正10年12月14日附在新嘉坡帝國總領事代理副領事市川信也報告	護謨取扱商（新嘉坡）	紹介
917 大正11年2月27日	速3-4頁	大正11年1月19日附在新嘉坡浮田總領事報告	新嘉坡石炭市況『十二月』	速報
919 大正11年3月6日	速7-8頁	大正11年1月9日附在新嘉坡浮田總領事報告	新嘉坡市場に於けるタオル類需給状況	速報
921 大正11年3月13日	電2-3頁	大正11年3月6日著在新嘉坡帝國總領事浮田郷次電報	新嘉坡に於ける痘瘡患者	電報
923 大正11年3月20日	14-15頁	大正11年1月27日附在新嘉坡帝國總領事浮田郷次報告	一九二一年に於ける海峡殖民地の貿易	商業
926 大正11年3月27日	12-13頁	大正11年2月4日附在新嘉坡帝國總領事浮田郷次報告	新嘉坡地方護謨園用足袋需要状況	商業
926 大正11年3月27日	44-45頁	大正11年2月4日附在新嘉坡帝國總領事浮田郷次報告	護謨園用足袋取扱本邦商（新嘉坡）	紹介
927 大正11年3月30日	47頁	大正10年10月7日附在新嘉坡帝國總領事浮田郷次報告	日本菓子製造販賣商（新嘉坡、彼南）	紹介

第37巻
大正11年 4 － 6 月
（自第928號至第955號）

928 大正11年4月4日	25頁	大正10年10月10日附在新嘉坡帝國總領事浮田郷次報告	新嘉坡に於ける乳母車需要状況	商業
928 大正11年4月4日	46頁	大正11年2月15日附在新嘉坡帝國總領事浮田郷次報告	新嘉坡港界	交港及港灣
928 大正11年4月4日	57頁	大正10年10月10日附在新嘉坡帝國總領事浮田郷次報告	乳母車取扱商（新嘉坡）	紹介
931 大正11年4月13日	24-25頁	大正11年2月15日附在新嘉坡帝國總領事浮田郷次報告	新嘉坡石炭市況『一月』	商業

933 大正11年4月20日	13-18頁	大正11年1月9日附在新嘉坡帝國總領事浮田郷次報告	新嘉坡に於けるタオル類需要状況	商業
936 大正11年5月1日	48頁	大正11年1月9日附在新嘉坡帝國總領事浮田郷次報告	タオル類取扱商（新嘉坡）	紹介
937 大正11年5月4日	1-12頁	大正11年2月17日附在新嘉坡帝國總領事浮田郷次報告	新嘉坡に於ける麥酒状況	商業
937 大正11年5月4日	17頁	大正11年3月22日附在新嘉坡帝國總領事浮田郷次報告	新嘉坡石炭商況『二月』	商業
937 大正11年5月4日	35-36頁	大正11年3月13日附在新嘉坡帝國總領事浮田郷次報告	海峡植民地商品標記條例中改正	外國法規
937 大正11年5月4日	40頁	大正10年10月15日附在新嘉坡帝國總領事浮田郷次報告	帽子輸入竝取扱商（新嘉坡）	紹介
937 大正11年5月4日	42頁	大正11年2月17日附在新嘉坡帝國總領事浮田郷次報告	麥酒主要輸入商（新嘉坡）	紹介
938 大正11年5月8日	6-9頁	大正11年3月16日附在新嘉坡帝國總領事浮田郷次報告	新嘉坡に於ける絹靴下需要状況	商業
940 大正11年5月11日	電報5-6頁	大正11年5月5日著在新嘉坡帝國總領事浮田郷次電報	新嘉坡護謨商況	電報
942 大正11年5月18日	13頁	大正11年4月10日附在新嘉坡帝國總領事浮田郷次報告	世界に於ける護謨在荷高一九二一年十二月三十一日現在)	商業
946 大正11年6月1日	27頁	大正11年4月3日附在新嘉坡帝國總領事浮田郷次報告	新嘉坡に於ける帽子用皮革需要状況	商業
952 大正11年6月19日	9頁	大正11年5月10日附在新嘉坡帝國總領事浮田郷次報告	新嘉坡石炭市況『三月』	商業
954 大正11年6月26日	49-50頁	大正11年5月25日附在新嘉坡帝國總領事浮田郷次報告	電球取扱商（新嘉坡）	紹介

第38巻
大正11年 7 － 9 月
（自第956號至第985號）

957 大正11年7月6日	電1頁	大正11年6月30日及7月1日著在新嘉坡帝國總領事浮田郷次電報	護謨生産制限と市價昂騰	電報
957 大正11年7月6日	37-40頁	大正11年5月27日附在新嘉坡帝國總領事浮田郷次報告	護謨生産制限問題	林業
961 大正11年7月17日	12頁	大正11年6月5日附在新嘉坡帝國總領事浮田郷次報告	新嘉坡石炭市況『四月』	商業
964 大正11年7月27日	43頁	大正11年6月6日附在新嘉坡帝國總領事浮田郷次報告	輸入品取扱商（新嘉坡）	紹介
969 大正11年8月10日	速4頁	大正11年7月3日附在新嘉坡帝國浮田總領事報告	馬來聯邦州燐寸輸入税率改正	速報
969 大正11年8月10日	45頁	大正11年6月15日附在新嘉坡帝國總領事浮田郷次報告	硝子器取扱商（新嘉坡）	紹介
970 大正11年8月14日	14頁	大正11年6月21日附在新嘉坡帝國總領事浮田郷次報告	馬來半島パイン・アップル工場新設	工業
971 大正11年8月17日	速7-8頁	大正11年7月7日附在新嘉坡浮田總領事報告	新嘉坡に於ける各種刷子類輸入状況	速報
971 大正11年8月17日	7-8頁	大正11年7月3日附在新嘉坡帝國總領事浮田郷次報告	新嘉坡に於ける棉花状況	商業
972 大正11年8月21日	速8-9頁	大正11年7月12日附在新嘉坡浮田總領事報告	新嘉坡に於ける魔法罎状況	速報
972 大正11年8月21日	8-10頁	大正11年7月7日附在新嘉坡帝國總領事浮田郷次報告	新嘉坡に於ける各種刷子類輸入状況	商業
972 大正11年8月21日	44頁	大正11年6月15日附在新嘉坡帝國總領事浮田郷次報告	各種商品取扱商（新嘉坡）	紹介
973 大正11年8月24日	12-13頁	大正11年7月10日附在新嘉坡帝國總領事浮田郷次報告	新嘉坡石炭市況『五月』	商業
974 大正11年8月28日	26頁	大正11年7月15日附在新嘉坡帝國總領事浮田郷次報告	新嘉坡石炭市況『六月』	商業
974 大正11年8月28日	43-44頁	大正11年7月20日附在新嘉坡帝國總領事浮田郷次報告	獨逸船の新東洋航路	交通
975 大正11年9月1日	12-13頁	大正11年7月12日附在新嘉坡帝國總領事浮田郷次報告	新嘉坡に於ける燐寸輸入状況	商業
979 大正11年9月11日	1 7頁	大正11年8月5日附在新嘉坡帝國總領事浮田郷次報告	馬來に於ける日本品輸入頽勢	商業
979 大正11年9月11日	14-20頁	大正11年8月4日附在新嘉坡帝國總領事浮田郷次報告	獨逸品の馬來半島輸入状況	商業
981 大正11年9月18日	速6-7頁	大正11年8月16日附在新嘉坡浮田總領事報告	新嘉坡に於ける本邦莫大小製品類輸入状況	速報
982 大正11年9月21日	48-49頁	大正11年8月16日附在新嘉坡帝國總領事浮田郷次報告	賣薬業者（新嘉坡）	紹介
984 大正11年9月25日	7頁	大正11年8月15日附在新嘉坡帝國總領事浮田郷次報告	新嘉坡石炭市況『七月』	商業

第39巻
大正11年10－12月
（自第986號至第1015號）

989 大正11年10月11日	増刊，12-17頁	大正11年11月5日附在新嘉坡帝國總領事浮田郷次報告	海外に於けるセメント需給状況　（海峡殖民地）	商業（臨時増刊）
989 大正11年10月11日	増刊，55-89頁	大正11年5月12日附在新嘉坡帝國總領事浮田郷次報告	馬來姿泥展覧會出品状況	産業機關

59

991 大正11年10月16日	1-7頁	大正11年9月1日附在新嘉坡帝國總領事浮田郷次報告	海峡殖民地に於ける本邦品状況	商業
991 大正11年10月16日	13-15頁	大正11年8月24日附在新嘉坡帝國總領事浮田郷次報告	大正十年英領馬來對日貿易	商業
991 大正11年10月16日	17頁	大正11年9月12日附在新嘉坡帝國總領事浮田郷次報告	新嘉坡に於ける本邦製護謨靴及護謨製品状況	商業
991 大正11年10月16日	25-28頁	大正11年9月4日附在新嘉坡帝國總領事浮田郷次報告	大正十年海峡殖民地海運状況	交通
992 大正11年10月19日	13-15頁	大正11年9月11日附在新嘉坡帝國總領事浮田郷次報告	馬來セレバン市附近に於ける輸入品状況	商業
992 大正11年10月19日	28-29頁	大正11年9月11日附在新嘉坡帝國總領事浮田郷次報告	馬來半島に於ける養魚状況	水産業
994 大正11年10月26日	9頁	大正11年9月19日附在新嘉坡帝國總領事浮田郷次報告	新嘉坡石炭市況『八月』	商業
994 大正11年10月26日	28-29頁	大正11年9月21日附在新嘉坡帝國總領事浮田郷次報告	海峡殖民地に於ける商標保護手續	外國法規
995 大正11年10月30日	40-42頁	大正11年7月20日附在新嘉坡帝國總領事浮田郷次報告	馬來半島に於ける護謨蘭地積	農業
1001 大正11年11月16日	10-16頁	大正11年9月21日附在新嘉坡帝國總領事浮田郷次報告	英領馬來に於けるコンデンス・ミルク需給状況	商業
1003 大正11年11月24日	8-10頁	大正11年10月10日附在新嘉坡帝國總領事浮田郷次報告	新嘉坡燐寸市況	商業
1004 大正11年11月27日	8-9頁	大正11年10月11日附在新嘉坡帝國總領事浮田郷次報告	新嘉坡石炭市況『九月』	商業
1007 大正11年12月4日	速4頁	大正11年10月24日附在新嘉坡浮田總領事報告	海峡殖民地酒類輸入税改正	速報
1009 大正11年12月9日	臨時増刊, 58-(	大正11年7月20日附在新嘉坡帝國總領事浮田郷次報告	馬來半島事情	各地事情
1015 大正11年12月28日	24頁	大正11年11月14日附在新嘉坡帝國總領事浮田郷次報告	新嘉坡港水先案内料金改正	交通

在新嘉坡帝國商務官

992 大正11年10月19日	電1頁	大正11年10月11日著在新嘉坡帝國商務官中島清一郎電報	南洋護謨市況	電報
994 大正11年10月26日	電3-4頁	大正11年10月13日著在新嘉坡帝國商務官中島清一郎電報	英帝國護謨輸出税制案	電報
994 大正11年10月26日	電4頁	大正11年10月13日著在新嘉坡帝國商務官中島清一郎電報	英領産護謨輸出制限法	電報
995 大正11年10月30日	電4頁	大正11年10月21日著在新嘉坡帝國商務官中島清一郎電報	英領産護謨輸出税制（續報）	電報
996 大正11年11月2日	電1頁	大正11年10月25日著在新嘉坡帝國商務官中島清一郎電報	新嘉坡に於ける護謨好況	電報
996 大正11年11月2日	電3頁	大正11年10月25日著在新嘉坡帝國商務官中島清一郎電報	英領護謨輸出税の意義	電報
999 大正11年11月9日	電3頁	大正11年11月2日著在新嘉坡帝國商務官中島清一郎電報	馬來に於ける護謨輸出制限法中實施	電報
1003 大正11年11月24日	電3頁	大正11年10月20日著在新嘉坡帝國商務官中島清一郎電報	英帝國護謨生産制限法追加	電報
1006 大正11年11月30日	電2頁	大正11年11月22日著在新嘉坡帝國商務官中島清一郎電報	新嘉坡に於ける石炭市況	電報
1006 大正11年11月30日	電4頁	大正11年11月23日著在新嘉坡帝國商務官中島清一郎電報	新嘉坡護謨市況	電報
1008 大正11年12月7日	電1頁	大正11年11月27日及28日著在新嘉坡帝國商務官中島清一郎電報	蘭領東印度と護謨生産制限	電報
1008 大正11年12月7日	電2頁	大正11年11月29日著在新嘉坡帝國商務官中島清一郎電報	印炭解禁と新嘉坡市場	電報
1010 大正11年12月11日	電1頁	大正11年12月2日著在新嘉坡帝國商務官中島清一郎電報	新嘉坡護謨市況	電報
1013 大正11年12月21日	電1頁	大正11年12月11日著在新嘉坡帝國商務官中島清一郎電報	英領馬來對外貿易概況	電報
1014 大正11年12月25日	電1-2頁	大正11年12月14日著在新嘉坡帝國商務官中島清一郎電報	新嘉坡商品市況	電報

1923年（大正12年）
第40巻
大正12年1－3月
（自第1016號至第1041號）

1016 大正12年1月4日	22-23頁	大正11年11月17日附在新嘉坡帝國總領事浮田郷次報告	新嘉坡に於ける燐寸商況『十月』	商業
1016 大正12年1月4日	46頁	大正11年10月26日附在新嘉坡帝國總領事浮田郷次報告	取引希望者（新嘉坡）	紹介
1019 大正12年1月15日	33頁	大正11年11月21日附在新嘉坡帝國總領事浮田郷次報告	英帝國海運保護論	交通
1021 大正12年1月22日	32-33頁	大正11年11月27日及12月11日附在新嘉坡帝國總領事浮田郷次報告	新嘉坡石炭市況『十，十一月』	商業
1025 大正12年2月1日	速4頁	大正11年12月13日附在新嘉坡浮田總領事報告	北ボルネオに於ける石炭積取船に對する港税免除	速報
1026 大正12年2月5日	11-12頁	大正11年12月16日附在新嘉坡帝國總領事浮田郷次報告	新嘉坡燐寸市況『十一月』	商業
1027 大正12年2月8日	38頁	大正11年11月23日附在新嘉坡帝國總領事浮田郷次報告	馬來燐寸會社營業状況	經濟

1030 大正12年2月19日	45-47頁	外務省通商局	馬來護謨輸出制限法（一九二二年十一月一日實施）	雜報
1033 大正12年3月1日	18頁	大正12年1月15日附在新嘉坡帝國總領事浮田郷次報告	燐寸市況『新嘉坡』	商業
1034 大正12年3月5日	30-31頁	大正12年1月23日附在新嘉坡帝國總領事浮田郷次報告	石炭市況（新嘉坡）『十二月』	商業
1037 大正12年3月15日	18-21頁	大正12年1月23日附在新嘉坡帝國總領事浮田郷次報告	清涼飲料需給狀況『馬來』	商業
1038 大正12年3月19日	電6頁	大正12年3月13日著在新嘉坡帝國總領事浮田郷次電報	西貢沖合一新島現出	電報
1040 大正12年3月26日	21-22頁	大正12年2月5日附在新嘉坡帝國總領事浮田郷次報告	帽子市況『新嘉坡』	商業
1040 大正12年3月26日	44頁	大正12年2月5日附在新嘉坡帝國總領事浮田郷次報告	帽子輸入商『新嘉坡』	紹介
（12年1月9日）			海峡植民地に於ける所得税課税問題	

在新嘉坡帝國商務官

1020 大正12年1月18日	電6頁	大正12年1月11日著在新嘉坡帝國商務官中島清一郎電報	新嘉坡護謨市況	電報
1020 大正12年1月18日	14-16頁	大正11年12月1日著在新嘉坡帝國商務官中島清一郎報告	新嘉坡に於ける南阿炭輸入狀況	商業
1021 大正12年1月22日	電6頁	大正12年1月9日著在新嘉坡帝國商務官中島清一郎電報	南洋に於ける支那製品の擡頭	電報
1021 大正12年1月22日	速9-10頁	大正11年12月7日附在新嘉坡中島商務官報告	新嘉坡に於ける燐寸商況	速報
1021 大正12年1月22日	速12-13頁	大正11年12月11日附在新嘉坡中島商務官報告	蘭領東印度綿布需要趨勢	速報
1022 大正12年1月25日	速12頁	大正11年12月9日附在新嘉坡中島商務官報告	新嘉坡駐在濠洲商務官新設と爪哇泗水分館設置計畫	速報
1024 大正12年1月29日	速6頁	大正11年12月16日附在新嘉坡中島商務官報告	馬來に於ける繊維植物試作勃興	速報
1026 大正12年2月5日	電2-3頁	大正12年1月26日著在新嘉坡帝國商務官中島清一郎電報	海峡殖民地竝馬來貿易と本邦品賣込餘地	電報
1027 大正12年2月8日	速5頁	大正12年1月11日附在新嘉坡中島商務官報告	在新嘉坡邦人無盡の倒潰	速報
1028 大正12年2月12日	電3頁	大正12年2月4日著在新嘉坡帝國商務官中島清一郎電報	南洋護謨輸出數量不變	電報
1028 大正12年2月12日	速6頁	大正12年1月12日附在新嘉坡中島商務官報告	英國蘭印貿易發展策	速報
1028 大正12年2月12日	27-28頁	大正11年12月18日附在新嘉坡帝國商務官中島清一郎報告	南洋及印度向輸出促進策	商業
1033 大正12年3月1日	32-37頁	大正11年12月4日附在新嘉坡帝國商務官中島清一郎報告	護謨生産制限とローゼル栽培	農業
1036 大正12年3月12日	電3頁	大正12年3月4日著在新嘉坡帝國商務官中島清一郎電報	護謨輸出制限法と英米協調	電報
1038 大正12年3月19日	電2頁	大正12年3月6日著在新嘉坡帝國商務官中島清一郎電報	馬來護謨蘭買收説	電報

第41巻
大正12年4－6月
（自第1042號至第1070號）

1043 大正12年4月5日	24-26頁	大正12年2月15日附在新嘉坡帝國總領事浮田郷次報告	燐寸市況『新嘉坡』『一月』	商品市況
1044 大正12年4月9日	29-30頁	大正12年2月15日附在新嘉坡帝國總領事浮田郷次報告	石炭市況『新嘉坡』『一月』	商品市況
1049 大正12年4月23日	15-16頁	大正12年3月20日附在新嘉坡帝國總領事浮田郷次報告	燐寸市況『新嘉坡』（二月）	商品市況
1052 大正12年5月3日	電1頁	大正12年4月25日著在新嘉坡浮田帝國總領事電報	ペスト患者續發（新嘉坡）	電報
1053 大正12年5月7日	24-25頁	大正12年3月20日附在新嘉坡帝國總領事浮田郷次報告	石炭市況『新嘉坡』（二月）	商品市況
1057 大正12年5月17日	7頁	大正12年4月12日附在新嘉坡帝國商務官中島清一郎報告	新嘉坡市場回復の兆候	貿易一般
1059 大正12年5月24日	24-26頁	大正12年4月19日附在新嘉坡帝國總領事浮田郷次報告	錫賣出狀況『新嘉坡』	商品市況
1060 大正12年5月28日	11-12頁	大正12年4月20日附在新嘉坡帝國總領事浮田郷次報告	燐寸市況『新嘉坡』（三月）	商品市況
1061 大正12年5月31日	24-26頁	大正12年4月25日附在新嘉坡帝國總領事浮田郷次報告	護謨液の輸出狀況『英領馬來』	商品市況
1066 大正12年6月14日	14-15頁	大正12年4月28日附在新嘉坡帝國總領事浮田郷次報告	護謨液混入紙狀況	商品市況
1069 大正12年6月25日	22頁	大正12年5月21日附在新嘉坡帝國總領事浮田郷次報告	燐寸市況『新嘉坡』（四月）	商品市況
1069 大正12年6月25日	33-34頁	大正12年5月20日附在新嘉坡帝國總領事浮田郷次報告	石炭市況『新嘉坡』（四月）	商品市況
（12年4月10日）			石炭市況（三月）	

64

65

1198 大正13年9月18日	35頁	大正13年7月21日附在新嘉坡帝國商務官中島清一郎報告	本邦綿布取引状況（バルカン）	商品市況	
1199 大正13年9月22日	17-19頁	大正13年8月17日附在新嘉坡帝國商務官中島清一郎報告	英領馬來輸出入額（上半期）	貿易一般	
1199 大正13年9月22日	33-34頁	大正13年8月21日附在新嘉坡帝國商務官中島清一郎報告	輸出羊毛事情（英領馬來）	商品市況	
1199 大正13年9月22日	51頁	大正13年8月21日附在新嘉坡帝國商務官中島清一郎報告	羊毛取扱業者（新嘉坡）	紹介	
1200 大正13年9月25日	18-19頁	大正13年8月23日附在新嘉坡帝國商務官中島清一郎報告	陶磁器輸出組合の必要	商品市況	
（13年7月11日）			綿絲布及同加工品貿易額（五月）		
（13年7月14日）			ナイフ、スプーン、フォーク需給状況（英領馬來）		
（13年7月31日）			綿絲布及同加工品貿易額（六月）		
（13年9月2日）			綿絲布及同加工品貿易額（七月）		

第47巻
大正13年10－12月
（自第1203號至第1228號）

1207 大正13年10月16日	11-4頁	大正13年9月3日附在新嘉坡帝國總領事浮田郷次報告	英領馬來對日貿易額（大正十二年）	貿易一般	
1211 大正13年10月30日	21-2頁	大正13年9月7日及17日附在新嘉坡帝國總領事浮田郷次報告	燐寸市況（新嘉坡）『七、八月』	商品市況	
1213 大正13年11月6日	13頁	大正13年10月2日附在新嘉坡帝國總領事浮田郷次報告	燐寸市況（新嘉坡）『九月』	商品市況	
1214 大正13年11月10日	19頁	大正13年10月3日附在新嘉坡帝國總領事浮田郷次報告	高瀬貝輸出状況（英領馬來）	商品市況	
1221 大正13年12月1日	1-6頁	大正13年10月24日附在新嘉坡帝國總領事浮田郷次報告	英領馬來外國貿易概況（大正十二年）	貿易一般	
1223 大正13年12月8日	10-11頁	大正13年10月18日附在新嘉坡帝國總領事浮田郷次報告	サラワク産油状況	商品市況	
1223 大正13年12月8日	12-13頁	大正13年11月3日附在新嘉坡帝國總領事浮田郷次報告	燐寸市況（新嘉坡）『十月』	商品市況	
（13年8月15日）			本邦對英領馬來間重要貿易品價格		
（13年9月23日）			石炭市況（新嘉坡）（八月）		
（13年10月20日）			石炭市況（新嘉坡）（九月）		

在新嘉坡帝國商務官

1207 大正13年10月16日	23-25頁	大正13年9月17日附在新嘉坡帝國商務官事務代理商務書記生相部善二郎報告	硝子需給状況（英領馬来）	商品市況	
1209 大正13年10月23日	21頁	大正13年9月17日附在新嘉坡帝國商務官事務代理商務書記生相部善二郎報告	各種商品取扱商（新嘉坡）	紹介	
1212 大正13年11月3日	33-35頁	大正13年9月29日附在新嘉坡帝國商務官事務代理商務書記生相部善二郎報告	輸入陶磁器事情（英領馬来）	商品市況	
1213 大正13年11月6日	電1頁	大正13年11月1日著在新嘉坡相部商務官事務代理電報	護謨輸出制限率（錫蘭及英領馬来）	電報	
1213 大正13年11月6日	45-46頁	大正13年10月1日附在新嘉坡帝國商務官事務代理商務書記生相部善二郎報告	漁網需給状況（英領馬来）	商品市況	
1217 大正13年11月20日	26-30頁	大正13年10月14日附在新嘉坡帝國商務官事務代理商務書記生相部善二郎報告	絹絲布及同加工品輸入統計（英領馬来）	商品市況	
1217 大正13年11月20日	34-37頁	大正13年10月18日附在新嘉坡帝國商務官事務代理商務書記生相部善二郎報告	セメント輸入状況（英領馬来）	商品市況	
1218 大正13年11月24日	11-14頁	大正13年10月23日附在新嘉坡帝國商務官事務代理商務書記生相部善二郎報告	本邦重要商品市況（英領馬来）	貿易一般	
1222 大正13年12月4日	27-31頁	大正13年10月29日附在新嘉坡帝國商務官事務代理商務書記生相部善二郎報告	紙類需給状況（英領馬来）	商品市況	

1223 大正13年12月8日	41頁	大正13年11月4日附在新嘉坡帝國商務官事務代理商務書記生相部 善二郎報告	セルロイド製品取扱商（新嘉坡）	紹介
1224 大正13年12月11日	10-12頁	大正13年11月7日附在新嘉坡帝國商務官事務代理商務書記生相部 善二郎報告	輸入豆類需給状況（英領馬来）	商品市況
1227 大正13年12月22日	13-17頁	大正13年11月20日附在新嘉坡帝國商務官事務代理商務書記生相部 善二郎報告	麦酒需給状況（英領馬来）	商品市況
1227 大正13年12月22日	31-32頁	大正13年11月20日附在新嘉坡帝國商務官事務代理商務書記生相部 善二郎報告	麦酒取扱商（新嘉坡）	紹介
1228 大正13年12月25日	29-30頁	大正13年11月22日附在新嘉坡帝國商務官事務代理商務書記生相部 善二郎報告	工業薬品需給状況（英領馬来）	商品市況
1228 大正13年12月25日	45頁	大正13年11月22日附在新嘉坡帝國商務官事務代理商務書記生相部 善二郎報告	工業薬品取扱商（新嘉坡）	紹介

5. 『日刊海外商報』1925－28年

号数 発行日	ページ	報告者	報告題目	掲載欄	類別
第1巻（自第1号至第85号） **大正14年1月－3月**					
4 大正14年1月9日	6-7頁	大正13年12月1日附在新嘉坡浮田總領事報告	燐寸市況（新嘉坡）『十一月』	商品	商品市況
5 大正14年1月10日	1-4頁	大正13年11月28日附在新嘉坡相部商務官事務代理報告	清涼飲料水需給状況（英領馬来）	商品	商品市況
5 大正14年1月10日	12頁	新嘉坡商務官11月28日	新嘉坡及彼南　清涼飲料水取扱商	紹介	紹介
7 大正14年1月12日	12頁	新嘉坡商務官12月15日	文房具輸入取扱業者（新嘉坡）	紹介	紹介
7 大正14年1月12日	12頁	新嘉坡12月8日	丁字白檀パチョク業及パチョク油輸出入業者（新嘉坡）	紹介	紹介
15 大正14年1月20日	3-4頁	12月8日附在新嘉坡浮田總總領事報告	丁字白檀竝パチョリ葉及同油状況（新嘉坡）	商品	商品市況
18 大正14年1月23日	6頁	12月15日附在新嘉坡浮田總領事報告	石炭市況（新嘉坡）『十一月』	商品	商品市況
29 大正14年2月3日	6頁	1月6日附在新嘉坡乙津總領事代理報告	燐寸市況（新嘉坡）『十二月』	商品	商品市況
30 大正14年2月4日	3頁	2月2日著在新嘉坡相部商務官事務代理電報	護謨生産輸出制限率變更（錫蘭及英領馬来）	電報	關税及條約
38 大正14年2月13日	8頁	1月14日附在新嘉坡乙津總領事代理報告	蓄音機需要状況（新嘉坡）	商品	商品市況
39 大正14年2月14日	9-10頁	1月14日附在新嘉坡乙津總領事代理報告	石炭市況（新嘉坡）『十二月』	商品	商品市況
39 大正14年2月14日	16頁	新嘉坡1月14日	蓄音機及レコード取扱商（新嘉坡）	紹介	紹介
40 大正14年2月15日	45頁	1月7日附在新嘉坡相部商務官代理報告	石炭需要状況（印度）	欄外	商品市況
43 大正14年2月18日	16頁	新嘉坡商務官1月21日	眼鏡輸入商（新嘉坡）	紹介	紹介
45 大正14年2月20日	15-18頁	12月11日附在新嘉坡相部商務官事務代理報告	本邦製刷毛需要消長（印度）	雑録	商品市況
45 大正14年2月20日	18-23頁	12月19日附在新嘉坡相部商務官事務代理報告	工業薬品輸入状況（印度）	雑録	商品市況
45 大正14年2月20日	23-27頁	12月18日附在新嘉坡相部商務官事務代理報告	輸入麦酒統計（印度）	雑録	商品市況
45 大正14年2月20日	27-28頁	12月17日附在新嘉坡相部商務官事務代理報告	荷造用茶箱輸入統計（印度）	雑録	商品市況
48 大正14年2月23日	2頁	1月14日附在新嘉坡相部商務官事務代理報告	印度製茶業統計	欄外	商品市況
49 大正14年2月24日	11-14頁	1月27日附在新嘉坡相部商務官事務代理報告	欧米商人の小雑貨賣込振（新嘉坡）	貿易	貿易一般
52 大正14年2月27日	8頁	1月6日附在新嘉坡相部商務官事務代理報告	石炭輸入状況（錫蘭）	欄外	商品市況
53 大正14年2月28日	15-18頁	12月17日附在新嘉坡相部商務官事務代理報告	輸入陶磁器統計（印度）	雑録	商品市況
53 大正14年2月28日	18-30頁	12月9日附在新嘉坡相部商務官事務代理報告	各種硝子製品輸入統計（印度）	雑録	商品市況
55 大正14年3月2日	11頁	2月2日附在新嘉坡相部商務官事務代理報告	工業原料品買付上の新傾向（新嘉坡）	経済	商業経理
57 大正14年3月4日	6頁	2月2日附在新嘉坡乙津總領事代理報告	燐寸市況（新嘉坡）『一月』	商品	商品市況
57 大正14年3月4日	11頁	2月4日附在新嘉坡相部商務官事務代理報告	印度に於ける製造工業	経済	工業
65 大正14年3月11日	7-8頁	2月13日附在新嘉坡乙津總領事代理報告	石炭市況（新嘉坡）『一月』	商品	商品市況
65 大正14年3月11日	17-19頁	12月22日附在新嘉坡相部商務官事務代理報告	鈕釦輸入統計（印度）	雑録	雑録
65 大正14年3月11日	19-31頁	12月15日附在新嘉坡相部商務官事務代理報告	エナメル製品及各種鐵器類輸入統計（印度）	雑録	商品市況
80 大正14年3月26日	5-6頁	3月2日附在新嘉坡乙津總領事代理報告	燐寸市況（新嘉坡）『二月』	商品	商品市況
81 大正14年3月27日	2頁	外務省通商局	英領馬来輸入貝鈕釦原料原産地別量額	欄外	商品市況
81 大正14年3月27日	8頁	2月19日附在新嘉坡相部商務官代理報告	セメント賣込策（新嘉坡）	商品	商品市況
81 大正14年3月27日	9-11頁	2月19日附在新嘉坡相部商務官代理報告	英領馬来對日貿易概況（一九二四年）	貿易	貿易一般
82 大正14年3月28日	7-8頁	2月23日附在新嘉坡相部商務官代理報告	高瀬貝集散状況（英領馬来）	商品	商品市況
		大正13年12月6日	綿絲布同加工品輸出入額（英領馬来）		
		大正14年1月7日	石炭輸入状況（海峡植民地）		
		大正14年1月7日	棉花の産出及綿絲布製産状況（印度）		

164 大正14年6月17日	7-8頁	5月15日附在新嘉坡中島總領事報告	石炭市況（新嘉坡）『四月』	商品	商品市況
168 大正14年6月21日	43-53頁	5月1日附在新嘉坡中島總領事報告	英領馬来諸工業状況	経済	工業
169 大正14年6月22日	3-4頁	6月18日著在新嘉坡中島總領事電報	護謨市況と先行見越	電報	商品市況
175 大正14年6月28日	70頁	外務省通商局	新聞用紙需要状況(新嘉坡)	欄外	商品市況
177 大正14年6月30日	3頁	6月27日著在新嘉坡中島總領事電報	本邦品賣行好況-西貢米低落（新嘉坡）	電報	貿易一般
177 大正14年6月30日	3-4頁	6月27日著在新嘉坡中島總領事電報	護謨騰貴と買入法講究の必要（新嘉坡）	電報	商品市況

第３巻（自第178号至第267号）
大正14年７月－９月

183 大正14年7月6日	3頁	7月3日著在新嘉坡中島總領事電報	護謨市況（新嘉坡）	電報	商品市況
184 大正14年7月7日	3頁	7月4日著在新嘉坡中島總領事電報	英領馬来對外貿易好勢	電報	貿易一般
194 大正14年7月16日	3頁	7月13日著在新嘉坡中島總領事電報	護謨市況（新嘉坡）	電報	商品市況
201 大正14年7月23日	3頁	7月1日附在新嘉坡中島總領事報告	新嘉坡要塞築造決定と其影響	速報	交通保険及港湾
203 大正14年7月25日	8-9頁	6月25日附在新嘉坡中島總領事報告	燐寸市況（新嘉坡）『五月』	商品	商品市況
203 大正14年7月25日	9頁	6月25日附在新嘉坡中島總領事報告	石炭市況（新嘉坡）『五月』	商品	商品市況
206 大正14年7月28日	3-4頁	7月1日附在新嘉坡中島總領事報告	本邦綿製品非買同盟説（甲谷陀）	速報	商品市況
209 大正14年8月1日	3-4頁	7月29日著在新嘉坡中島總領事電報	護謨市況（新嘉坡）	電報	商品市況
215 大正14年8月7日	3頁	8月4日著在新嘉坡中島總領事電報	護謨輸出制限率増加（新嘉坡）	電報	商品市況
215 大正14年8月7日	11-12頁	7月6日附在新嘉坡中島總領事報告	綿布生産状況（印度）	商品	商品市況
218 大正14年8月10日	11-12頁	7月4日附在新嘉坡中島總領事報告	英領馬来貿易概況（自一月至五月）	貿易	貿易一般
221 大正14年8月13日	8-10頁	7月20日附在新嘉坡中島總領事報告	英領馬来に於ける錫鑛業救済	経済	鉱業
221 大正14年8月13日	13-14頁	7月6日附在新嘉坡中島總領事報告	酒類輸入税率改正（海峡殖民地）	経済	關税及條約
221 大正14年8月13日	14頁	7月8日附在新嘉坡中島總領事報告	海峡殖民地行支那移民数（一九二四年）	経済	移民及労働
223 大正14年8月15日	3頁	8月13日著在新嘉坡中島總領事電報	護謨市況（新嘉坡）	電報	商品市況
226 大正14年8月18日	10頁	7月20日附在新嘉坡中島總領事報告	綿絲布近況（印度）	商品	商品市況
230 大正14年8月22日	11-12頁	7月21日附在新嘉坡中島總領事報告	人力車需給状況（新嘉坡）	商品	商品市況
233 大正14年8月25日	9-11頁	7月21日附在新嘉坡中島總領事報告	首飾製作上の要訣	商品	商品市況
233 大正14年8月25日	11-12頁	7月27日附在新嘉坡中島總領事報告	石炭市況（新嘉坡）『六月』	商品	商品市況
234 大正14年8月26日	8-10頁	7月27日附在新嘉坡中島總領事報告	砂糖増収豫想（爪哇）	商品	商品市況
234 大正14年8月26日	10頁	7月27日附在新嘉坡中島總領事報告	最近護謨平均市價（新嘉坡及倫敦）	商品	商品市況
242 大正14年9月4日	11頁	7月27日附在新嘉坡中島總領事報告	印度對外貿易状況	貿易	貿易一般
247 大正14年9月9日	3-4頁	8月11日附在新嘉坡中島總領事報告	印度棉花綿絲布課税問題	速報	商品市況
248 大正14年9月10日	11頁	8月8日附在新嘉坡中島總領事報告	燐寸市況（新嘉坡）『六,七月』	商品	商品市況
249 大正14年9月11日	7-8頁	8月10日附在新嘉坡中島總領事報告	重油對石炭需要状況（古倫母）	商品	商品市況
250 大正14年9月12日	10頁	8月11日附在新嘉坡中島總領事報告	印棉市況	商品	商品市況
250 大正14年9月12日	10頁	8月11日附在新嘉坡中島總領事報告	護謨輸出量（英領馬来）	商品	商品市況
251 大正14年9月13日	37-44頁	7月31日附在新嘉坡中島總領事報告	英領北ボルネオ貿易概況（一九二四年）	貿易	貿易一般
252 大正14年9月14日	9-10頁	8月17日附在新嘉坡中島總領事報告	石炭市況（新嘉坡）『七月』	商品	商品市況
253 大正14年9月15日	9-11頁	8月25日附在新嘉坡中島總領事報告	洋灰問題（印度）	経済	關税及條約
254 大正14年9月16日	11-12頁	8月17日附在新嘉坡中島總領事報告	蘭東印輸入品市況豫想	商品	商品市況

72

473 大正15年5月5日	160頁	4月9日附在新嘉坡中島總領事報告	百貨店，商品陳列所及商業會議所	紹介	紹介
474 大正15年5月6日	164頁	4月10日附在新嘉坡中島總領事報告	石炭市況（新嘉坡）『二月』	商品	商品市況
485 大正15年5月17日	219頁	5月12日當在新嘉坡帝國領事中島清一郎電報	英國總罷業と新嘉坡商況	電報	貿易一般
493 大正15年5月25日	262頁	4月7日附在新嘉坡中島總領事報告	綿絹絲布及同加工品貿易（英領馬来）『二月』	商品	商品市況
496 大正15年5月28日	274頁	4月22日附在新嘉坡中島總領事報告	石炭市況（新嘉坡）『三月』	商品	商品市況
507 大正15年6月8日	331-2頁	5月4日附在新嘉坡中島總領事報告	英領馬来に於ける土地飢饉	経済	林業

531 大正15年7月2日	446頁	5月26日附在新嘉坡・中島總領事報告	麦酒取扱商（新嘉坡）	紹介	紹介
532 大正15年7月3日	449頁	5月31日附在新嘉坡・中島總領事報告	石炭市況（新嘉坡）『四月』	商品	商品市況
539 大正15年7月10日	481頁	5月26日附在新嘉坡・中島總領事報告	麦酒需給状況（新嘉坡）	商品	商品市況
544 大正15年7月15日	505頁	6月18日附在新嘉坡・中島總領事報告	石炭市況（新嘉坡）『五月』	商品	商品市況
554 大正15年7月25日	555-6頁	6月1日附在新嘉坡・中島總領事報告	綿絹絲布及同加工品貿易（英領馬来）『三月』	商品	商品市況
555 大正15年7月26日	560頁	外務省通商局	英領馬来硝子器輸入　日本品の競争激甚	商品	商品市況
560 大正15年8月1日	585-6頁	6月10日附在新嘉坡・中島總領事報告	綿絹絲布及同加工品貿易（英領馬来）『四月』	商品	商品市況
564 大正15年8月5日	599頁	8月3日著在新嘉坡帝國總領事中島清一郎電報	護謨輸出制限率措置（英領馬来）	電報	商品市況
583 大正15年8月24日	689頁	7月16日附在新嘉坡・中島總領事報告	石炭市況（新嘉坡）『六月』	商品	商品市況

624 大正15年10月6日	898頁	9月11日附在新嘉坡・齊藤事務代理報告	加工綿布市況（新嘉坡）『八月』	商品	商品市況
626 大正15年10月8日	905-6頁	9月5日附在新嘉坡・齊藤事務代理報告	石炭市況（新嘉坡）『七月』	商品	商品市況
641 大正15年10月24日	987頁	8月23日附在新嘉坡・總領館事務代理齊藤政一報告	絹綿絲布及同加工品貿易（英領馬来）『五，六月』	商品	商品市況
650 大正15年11月3日	1021-2頁	10月4日附在新嘉坡・齊藤總領館事務代理報告	新嘉坡貿易概況（上半期）	貿易	貿易一般
651 大正15年11月4日	1025頁	11月2日著在新嘉坡帝國總領館事務代理齊藤政一電報	護謨輸出制限率措置（英領馬来）	電報	商品市況
652 大正15年11月5日	1032頁	10月1日附在新嘉坡・齊藤總領館事務代理報告	石炭市況（新嘉坡）『八月』	商品	商品市況
654 大正15年11月7日	1047頁	9月18日附在新嘉坡・帝國總領館事務代理齊藤政一報告	綿絹絲布及同加工品貿易（英領馬来）『七月』	商品	商品市況
658 大正15年11月11日	1064頁	10月6日附在新嘉坡・齊藤總領館事務代理報告	綿絹絲布及同加工品貿易（英領馬来）『八月』	商品	商品市況
663 大正15年11月16日	1092頁	10月15日附在新嘉坡・齊藤總領館事務代理報告	加工綿布市況（新嘉坡）『九月』	商品	商品市況
666 大正15年11月19日	1102頁	10月13日附在新嘉坡・齊藤總領館事務代理報告	英領馬来外國貿易	貿易	貿易一般
666 大正15年11月19日	1103頁	10月19日附在新嘉坡・齊藤總領館事務代理報告	石炭市況（新嘉坡）『九月』	商品	商品市況
692 大正15年12月16日	1235-6頁	11月4日附在新嘉坡・齊藤總領館事務代理報告	本邦對英領馬来重要貿易品價格（大正十三年同十四年）	貿易	貿易一般
693 大正15年12月17日	1242頁	11月18日附在新嘉坡・齊藤總領館事務代理報告	加工綿布市況（新嘉坡）『十月』	商品	商品市況
703 昭和元年12月27日	1290頁	11月24日附在新嘉坡・齊藤總領館事務代理報告	石炭市況（新嘉坡）『十月』	商品	商品市況

710 昭和2年1月10日	1322頁	12月3日附在新嘉坡・齊藤總領館事務代理報告	加工綿布絲市況（新嘉坡）『十一月』	商品	商品市況
712 昭和2年1月12日	1329頁	11月22日附在新嘉坡・帝國總領館事務代理齊藤政一報告	綿絹絲布及同加工品貿易（英領馬来）『九月』	商品	商品市況
724 昭和2年1月24日	1391頁	昭和2年1月20日著在新嘉坡帝國總領事中島清一郎電報	英領馬来對外貿易（一九二六年）	電報	貿易一般
730 昭和2年1月30日	1426頁	12月3日附在新嘉坡・帝國總領館事務代理齊藤政一報告	綿絹絲布及同加工品貿易（英領馬来）『十月』	商品	商品市況
734 昭和2年2月3日	1442頁	1月6日附在新嘉坡・中島總領事報告	石炭市況（新嘉坡）『十一月』	商品	商品市況
740 昭和2年2月12日	1467頁	昭和2年2月9日著在新嘉坡帝國總領事中島清一郎電報	護謨輸出制限率引下（英領馬来）	電報	商品市況
746 昭和2年2月18日	1512頁	1月11日附在新嘉坡・中島總領事報告	加工綿布市況（新嘉坡）『十二月』	商品	商品市況

747 昭和2年2月19日	1516頁	1月14日附在新嘉坡・中島總領事報告	石炭市況（新嘉坡）『十二月』	商品	商品市況
749 昭和2年2月21日	1536頁	1月21日附在新嘉坡・中島總領事報告	燐寸消費税法廃止（馬来）	経済	財政及経済
778 昭和2年3月23日	1698頁	2月16日附在新嘉坡・中島總領事報告	石炭市況（新嘉坡）『一月』	商品	商品市況
781 昭和2年3月26日	1707-8頁	2月16日附在新嘉坡・中島總領事報告	サラワク王國對外貿易（一九二五年）	貿易	貿易一般
781 昭和2年3月26日	1710頁	2月19日附在新嘉坡・中島總領事報告	護謨輸出額（英領馬来）『一月』	商品	商品市況
782 昭和2年3月27日	1726頁	1月13日附在新嘉坡・帝國總領館事中島清一郎報告	綿絹絲布及同加工品貿易（英領馬来）『十一月』	商品	商品市況
784 昭和2年3月29日	1733頁	2月28日附在新嘉坡・中島總領事報告	絹織物輸入状況（英領馬来）	商品	商品市況

第10巻 （自第787号至第875号）
昭和2年4月－6月

794 昭和2年4月9日	32頁	3月8日附在新嘉坡・中島總領事報告	石炭市況（新嘉坡）『二月』	商品	商品市況
795 昭和2年4月10日	46頁	1月13日附在新嘉坡・帝國總領館事中島清一郎報告	綿絹絲布及同加工品貿易（英領馬来）『十一月』	商品	商品市況
797 昭和2年4月12日	53頁	3月10日附在新嘉坡・中島總領事報告	護謨輸出入状況（英領馬来）『二月』	商品	商品市況
798 昭和2年4月13日	58頁	3月2日附在新嘉坡・中島總領事報告	綿絲布市況（新嘉坡）『一月』	商品	商品市況
802 昭和2年4月17日	83-84頁	2月15日附在新嘉坡・帝國總領館事中島清一郎報告	原料護謨輸入数量（新嘉坡及彼南）『一九二六年』	商品	商品市況
808 昭和2年4月23日	105-6頁	3月22日附在新嘉坡・中島總領事報告	英領馬来對外貿易（一月）	貿易	貿易一般
811 昭和2年4月26日	127頁	3月22日附在新嘉坡・中島總領事報告	綿絲布市況（新嘉坡）『二月』	商品	商品市況
813 昭和2年4月28日	136頁	外務省通商局	寶玉賣行状況（彼南）	商品	商品市況
815 昭和2年5月1日	154頁	3月18日附在新嘉坡・帝國總領館事中島清一郎報告	綿絹絲布及同加工品貿易（英領馬来）『一月』	商品	商品市況
820 昭和2年5月6日	171頁	5月3日著在新嘉坡帝國總領事中島清一郎電報	護謨輸出制限率引下（錫蘭及英領馬来）	電報	商品市況
828 昭和2年5月14日	213頁	4月12日附在新嘉坡・中島總領事報告	綿絲布市況（新嘉坡）『三月』	商品	商品市況
828 昭和2年5月14日	214頁	4月13日附在新嘉坡・中島總領事報告	原料護謨輸出入状況（英領馬来）『三月』	商品	商品市況
830 昭和2年5月16日	230頁	4月14日附在新嘉坡・中島總領事報告	石炭市況（新嘉坡）『三月』	商品	商品市況
838 昭和2年5月24日	273-4頁	4月23日附在新嘉坡・中島總領事報告	英領馬来對外貿易（二月）	貿易	貿易一般
847 昭和2年6月2日	317頁	4月11日附在新嘉坡・中島總領事報告	綿絹絲布及同加工品貿易（英領馬来）『二月』	商品	商品市況
852 昭和2年6月7日	344頁	5月6日附在新嘉坡・中島總領事報告	護謨輸出入状況（英領馬来）「四月」	商品	商品市況
855 昭和2年6月10日	356頁	5月10日附在新嘉坡・中島總領事報告	綿絹絲布及同加工品貿易（英領馬来）『三月』	商品	商品市況
862 昭和2年6月17日	389頁	5月18日附在新嘉坡・中島總領事報告	綿絲布市況（新嘉坡）『四月』	商品	商品市況
865 昭和2年6月20日	407-8頁	5月18日附在新嘉坡・中島總領事報告	英領馬来對外貿易（三月）	貿易	貿易一般

第11巻 （自第876号至第966号）
昭和2年7月－9月

877 昭和2年7月2日	464頁	5月26日附在新嘉坡・後藤總領事代理報告	鮮魚状況（新嘉坡）	商品	商品市況
877 昭和2年7月2日	464頁	5月25日附在新嘉坡・後藤總領事代理報告	石炭市況（新嘉坡）『四月』	商品	商品市況
879 昭和2年7月4日	479-80頁	6月2日附在新嘉坡・後藤總領事代理報告	硝子罐需要状況（英領馬来）	商品	商品市況
880 昭和2年7月5日	481頁	7月2日著在新嘉坡帝國總領事代理後藤鑑尾電報	コレラ患者数（英領馬来）	電報	檢疫及衛生
891 昭和2年7月16日	534頁	6月17日附在新嘉坡・後藤總領事代理報告	護謨輸出入状況（英領馬来）『五月』	商品	商品市況
894 昭和2年7月19日	552頁	6月17日附在新嘉坡・後藤總領事代理報告	英領馬来對外貿易（四月）	貿易	貿易一般
894 昭和2年7月19日	553頁	6月17日附在新嘉坡・後藤總領事代理報告	綿絲布市況（新嘉坡）『五月』	商品	商品市況
910 昭和2年8月4日	634頁	7月1日附在新嘉坡・後藤總領事代理報告	石炭市況（新嘉坡）『五月』	商品	商品市況
914 昭和2年8月8日	651頁	8月4日著在新嘉坡帝國總領事代理後藤鑑尾電報	護謨輸出制限率据置（錫蘭及英領馬来）	電報	商品市況
916 昭和2年8月10日	662頁	7月7日附在新嘉坡・後藤總領事代理報告	石炭市況（新嘉坡）『六月』	商品	商品市況
920 昭和2年8月14日	688頁	6月20日附在新嘉坡帝國總領事代理後藤○尾報告	綿絹絲布及同加工品貿易（英領馬来）『四月』	商品	商品市況
922 昭和2年8月16日	696頁	7月16日附在新嘉坡・後藤總領事代理報告	綿絹絲布及同加工品貿易（英領馬来）『五月』	商品	商品市況

923 昭和2年8月17日	700頁	7月9日附在新嘉坡・後藤總領事代理報告	護謨輸出入狀況（英領馬来）『六月』	商品	商品市況
930 昭和2年8月24日	738頁	7月7日附在新嘉坡帝國後藤總領事代理報告	文具輸入商（新嘉坡）	紹介	紹介
935 昭和2年8月29日	764頁	7月7日附在新嘉坡・後藤總領事代理報告	ブルネイ事情	経済	各地事情
945 昭和2年9月8日	809-10頁	7月27日附在新嘉坡・後藤總領事代理報告	英領馬来對外貿易（五月）	貿易	貿易一般
945 昭和2年9月8日	812頁	7月27日附在新嘉坡・後藤總領事代理報告	綿絲布市況（新嘉坡）『六月』	商品	商品市況
949 昭和2年9月12日	832頁	8月11日附在新嘉坡・後藤總領事代理報告	護謨輸出入狀況（英領馬来）『七月』	商品	商品市況
956 昭和2年9月19日	864頁	8月23日附在新嘉坡・後藤總領事代理報告	綿絲布市況（新嘉坡）『七月』	商品	商品市況
961 昭和2年9月25日	888頁	8月12日附在新嘉坡帝國後藤總領事代理報告	綿絹絲布及同加工品貿易（英領馬来）『六月』	商品	商品市況

第12巻（自第967号至第1051号）
昭和2年10月－12月

974 昭和2年10月8日	944頁	9月8日附在新嘉坡・後藤總領事代理報告	石炭市況（新嘉坡）『七月』	商品	商品市況
985 昭和2年10月20日	1005-6頁	9月20日附在新嘉坡・後藤總領事代理報告	英領馬来對外貿易（六月）	貿易	貿易一般
985 昭和2年10月20日	1008頁	9月20日附在新嘉坡・後藤總領事代理報告	綿絲布市況（新嘉坡）『八月』	商品	商品市況
986 昭和2年10月21日	1012頁	9月20日附在新嘉坡・後藤總領事代理報告	護謨輸出入狀況（英領馬来）『八月』	商品	商品市況
987 昭和2年10月22日	1016頁	9月24日附在新嘉坡・後藤總領事代理報告	石炭市況（新嘉坡）『八月』	商品	商品市況
988 昭和2年10月23日	1028頁	8月10日附在新嘉坡・帝國總領事代理後藤鎰尾報告	原料護謨輸入量（英領馬来）「上半期」	商品	商品市況
990 昭和2年10月25日	1033-4頁	9月22日附在新嘉坡・後藤總領事代理報告	英領馬来對外貿易（七月）	貿易	貿易一般
995 昭和2年10月30日	1066頁	9月8日附在新嘉坡・帝國總領事代理後藤鎰尾報告	綿絹絲布及同加工品貿易（英領馬来）『七月』	商品	商品市況
1002 昭和2年11月7日	1097頁	11月4日著在新嘉坡帝國總領事代理後藤鎰尾電報	護謨輸出制限率据置（英領馬来）	電報	商品市況
1002 昭和2年11月7日	1100頁	外務省通商局	鞄類需要狀況（新嘉坡）	商品	商品市況
1008 昭和2年11月13日	1134-6頁	9月15日附在新嘉坡・帝國總領事代理後藤鎰尾報告	青果物需給狀況（英領馬来）	商品	商品市況
1012 昭和2年11月17日	1151頁	10月20日附在新嘉坡・後藤總領事代理報告	綿絲布市況（新嘉坡）『九月』	商品	商品市況
1012 昭和2年11月17日	1151-2頁	10月19日附在新嘉坡・後藤總領事代理報告	セメント市況（新嘉坡）	商品	商品市況
1013 昭和2年11月18日	1156頁	10月14日附在新嘉坡・後藤總領事代理報告	原料護謨輸出入狀況（英領馬来）『九月』	商品	商品市況
1021 昭和2年11月27日	1212頁	10月7日附在新嘉坡・帝國總領事代理後藤鎰尾報告	綿絹絲布及同加工品貿易（英領馬来）『八月』	商品	商品市況
1030 昭和2年12月6日	1257-8頁	11月2日附在新嘉坡・後藤總領事代理報告	英領馬来對外貿易（八月）	貿易	貿易一般
1030 昭和2年12月6日	1260頁	11月5日附在新嘉坡・後藤總領事代理報告	パチヨリー油取扱商（新嘉坡）	紹介	紹介
1030 昭和2年12月6日	1260頁	11月5日附在新嘉坡・後藤總領事代理報告	護謨製品製造業者（新嘉坡）	紹介	紹介
1030 昭和2年12月6日	1260頁	11月8日附在新嘉坡・後藤總領事代理報告	金物輸入商（新嘉坡）	紹介	紹介
1031 昭和2年12月7日	1264頁	11月8日附在新嘉坡・後藤總領事代理報告	日本衣裳及友禪竝刺繍品取扱商（新嘉坡）	紹介	紹介
1031 昭和2年12月7日	1264頁	11月8日附在新嘉坡・後藤總領事代理報告	皮革取扱商（新嘉坡）	紹介	紹介
1034 昭和2年12月10日	1276頁	11月8日附在新嘉坡・後藤總領事代理報告	亜鉛引鐵板，鐵線及丸釘輸入商（新嘉坡）	紹介	紹介
1034 昭和2年12月10日	1276頁	11月5日附在新嘉坡・後藤總領事代理報告	自轉車及同附屬品取扱商（新嘉坡）	紹介	紹介
1036 昭和2年12月12日	1294頁	11月5日附在新嘉坡・後藤總領事代理報告	本邦製貝鈕釦直輸入商（新嘉坡）	紹介	紹介
1041 昭和2年12月17日	1314頁	11月9日附在新嘉坡・後藤總領事代理報告	護謨輸出入狀況（英領馬来）『十月』	商品	商品市況

第13巻（自第1052号至第1136号）
昭和3年1月－3月

1053 昭和3年1月6日	1371頁	11月19日附在新嘉坡・後藤總領事代理報告	綿絲布市況（新嘉坡）『十月』	商品	商品市況
1063 昭和3年1月16日	1427-8頁	12月3日附在新嘉坡・後藤總領事代理報告	新嘉坡外國貿易概況（一九二七年上半期）	貿易	貿易一般
1065 昭和3年1月18日	1438頁	12月9日附在新嘉坡・後藤總領事代理報告	石炭市況（新嘉坡）『一九二七年九月十月』	商品	商品市況
1072 昭和3年1月25日	1473頁	12月12日附在新嘉坡・後藤總領事代理報告	英領馬来對外貿易（一九二七年九月）	貿易	貿易一般

1076 昭和3年1月29日	1500頁	11月16日附在新嘉坡・帝國總領事代理後藤鎰尾報告	綿絹絲布及同加工品貿易（英領馬来）『一九二七年九月』	商品	商品市況
1084 昭和3年2月6日	1537頁	2月2日著在新嘉坡帝國總領事代理後藤鎰尾電報	錫蘭及馬来の護謨輸出制限率	電報	商品市況
1087 昭和3年2月9日	1552頁	12月20日附在新嘉坡・後藤總領事代理報告	綿絲布市況（新嘉坡）『一九二七年十一月』	商品	商品市況
1088 昭和3年2月10日	1556頁	12月15日附在新嘉坡・後藤總領事代理報告	護謨輸出入狀況（英領馬来）『十一月』	商品	商品市況
1090 昭和3年2月13日	1569頁	12月16日附在新嘉坡・後藤總領事代理報告	英領馬来對外貿易（十月）	貿易	貿易一般
1094 昭和3年2月17日	1588頁	1月16日附在新嘉坡・後藤總領事代理報告	護謨輸出入狀況（英領馬来）『十二月』	商品	商品市況
1096 昭和3年2月19日	1606頁	12月8日附在新嘉坡・帝國總領事代理後藤鎰尾報告	綿絹絲布及同加工品貿易（英領馬来）『十月』	商品	商品市況
1097 昭和3年2月20日	1607-8頁	1月16日附在新嘉坡・後藤總領事代理報告	本邦對英領馬来重要貿易品（大正十四，五年）	貿易	貿易一般
1105 昭和3年2月28日	1654頁	1月27日附在新嘉坡・後藤總領事代理報告	綿絲布市況（新嘉坡）『十二月』	商品	商品市況
1111 昭和3年3月5日	1682頁	1月27日附在新嘉坡・後藤總領事代理報告	石炭市況（新嘉坡）『十一，十二月』	商品	商品市況
1116 昭和3年3月10日	1702頁	1月31日附在新嘉坡・後藤總領事代理報告	染料輸入商（新嘉坡）	紹介	紹介
1120 昭和3年3月14日	1722頁	2月11日附在新嘉坡・後藤總領事代理報告	帽子製造業者（新嘉坡）	紹介	紹介
1123 昭和3年3月17日	1731-2頁	2月1日附在新嘉坡・後藤總領事代理報告	英領馬来對外貿易（十一月）	貿易	貿易一般
1123 昭和3年3月17日	1733頁	1月13日附在新嘉坡・帝國總領事代理後藤鎰尾報告	綿絹絲布及同加工品貿易（英領馬来）『十一月』	商品	商品市況
1123 昭和3年3月17日	1734頁	2月8日附在新嘉坡・後藤總領事代理報告	紙類取扱商（新嘉坡）	紹介	紹介
1127 昭和3年3月22日	1759-60頁	2月15日附在新嘉坡・後藤總領事代理報告	護謨輸入量（新嘉坡及彼南）『一九二七年』	商品	商品市況
1128 昭和3年3月23日	1764頁	2月10日附在新嘉坡・後藤總領事代理報告	護謨輸出入狀況（英領馬来）『一月』	商品	商品市況
1129 昭和3年3月24日	1766頁	2月15日附在新嘉坡・後藤總領事代理報告	英領馬来對外貿易（十二月）	貿易	貿易一般
1131 昭和3年3月26日	1780頁	2月8日附在新嘉坡・帝國總領事代理後藤鎰尾報告	綿絹絲布及同加工品貿易（英領馬来）『十二月』	商品	商品市況
1135 昭和3年3月30日	1796頁	2月8日附在新嘉坡・後藤總領事代理報告	白檀胡椒其他薬種輸出商（新嘉坡）	紹介	紹介
1135 昭和3年3月30日	1796頁	2月8日附在新嘉坡・後藤總領事代理報告	工業薬品及塗料輸入商（新嘉坡）	紹介	紹介
1136 昭和3年3月31日	1800頁	3月8日附在新嘉坡・玉木總領事報告	護謨輸出入狀況（英領馬来）『二月』	商品	商品市況

６．『海外経済事情』1928－40年

号数　発行日	ページ	報告者	報告題目	分類種別
1928年（昭和３年）第１巻（自第１號至第14號）昭和３年自４月至６月				
4 昭和3年4月23日発行	15-18頁	3月12日附在新嘉坡・帝國總領事玉木勝次郎報告	護謨界最近の動揺と需給の現状（新嘉坡）	経濟
4 昭和3年4月23日発行	18-20頁	昭和3年3月9日附在新嘉坡・帝國總領事玉木勝次郎報告	本邦綿絲布綿製品輸入状況（英領馬来）『一九二七年』	商品
5 昭和3年4月30日発行	60頁	昭和3年2月28日附在新嘉坡帝國總領事玉木勝次郎報告	絹布輸入商（新嘉坡）	紹介
5 昭和3年4月30日発行	60-61頁	昭和3年3月1日附在新嘉坡帝國總領事玉木勝次郎報告	硝子壜類竝硝子製品輸入商（新嘉坡）	紹介
5 昭和3年4月30日発行	61頁	昭和3年3月1日附在新嘉坡帝國總領事玉木勝次郎報告	亜鉛引薄鐵板輸入商（新嘉坡）	紹介
6 昭和3年5月7日発行	23頁	昭和3年3月16日附在新嘉坡帝國總領事玉木勝次郎報告	海峡殖民地通貨の現状	経濟
7 昭和3年5月14日発行	電1頁	昭和3年5月3日著在新嘉坡帝國總領事玉木勝次郎電報	英領馬來今期護謨輸出許可率	電報
7 昭和3年5月14日発行	56-57頁	3月24日附在新嘉坡玉木總領事報告	英領馬來對外貿易統計（一九二八年一月）	貿易
7 昭和3年5月14日発行	66-67頁	昭和3年3月12日附在新嘉坡帝國總領事玉木勝次郎報告	印刷用材料商竝印刷業者（新嘉坡）	紹介
7 昭和3年5月14日発行	67頁	昭和3年3月27日附在新嘉坡帝國總領事玉木勝次郎報告	テグス類取扱商（新嘉坡）	紹介
8 昭和3年5月21日発行	電4頁	昭和3年5月12日著在新嘉坡帝國總領事玉木勝次郎電報	支那商組合對日本商新規取引中止申合	電報
8 昭和3年5月21日発行	13頁	昭和3年4月16日附在新嘉坡帝國總領事玉木勝次郎報告	新嘉坡市場に於ける本邦綿布の活躍振	商品
8 昭和3年5月21日発行	64頁	昭和3年4月12日附在新嘉坡帝國總領事玉木勝次郎報告	籐輸出業者（新嘉坡）	紹介
10 昭和3年5月28日発行	61頁	4月12日附在新嘉坡玉木總領事報告	英領馬來護謨輸出入数量（三月）	商品
11 昭和3年6月4日発行	17-18頁	昭和3年4月3日附在新嘉坡帝國總領事玉木勝次郎報告	殺蟲劑トバ液生産竝輸出状況（新嘉坡）	商品
13 昭和3年6月18日発行	70頁	昭和3年3月28日附在新嘉坡帝國總領事玉木勝次郎報告	内外人綿絲布輸入商（新嘉坡）	紹介
14 昭和3年6月25日発行	15-19頁	昭和3年3月6日附在新嘉坡帝國總領事玉木勝次郎報告	英領馬來對外貿易概況（一九二七年）	貿易
14 昭和3年6月25日発行	61-62頁	昭和3年4月16日附在新嘉坡玉木總領事報告	英領馬來對外貿易統計（二月）	貿易
第２巻（自第15號至第29號）昭和３年自７月至９月				
15 昭和3年7月2日発行	12-15頁	昭和3年5月21日附在新嘉坡帝國總領事玉木勝次郎報告	新嘉坡港貿易概況（一九二七年）	貿易
15 昭和3年7月2日発行	62頁	昭和3年5月21日附在新嘉坡玉木總領事報告	英領馬來護謨輸出入数量（四月）	商品
16 昭和3年7月9日発行	61-62頁	昭和3年4月13日附在新嘉坡帝國總領事玉木勝次郎報告	玩具類、醫療器用護謨製品、莫大小製品、文房具輸入竝取扱商　（新嘉坡）	紹介
19 昭和3年7月23日発行	23頁	昭和3年6月14日附在新嘉坡帝國總領事玉木勝次郎報告	馬來聯邦州護謨輸出税引下と同税全廃問題	経濟
19 昭和3年7月23日発行	67頁	昭和3年4月11日附在新嘉坡帝國總領事玉木勝次郎報告	電氣器具輸入竝取扱商（新嘉坡）	紹介
20 昭和3年7月30日発行	12頁	外務省通商局	海峡殖民地に於ける移民制限	経濟
20 昭和3年7月30日発行	63-64頁	昭和3年5月15日附在新嘉坡玉木總領事報告	英領馬來對外貿易統計（三月）	貿易
20 昭和3年7月30日発行	67-68頁	昭和3年6月5日附在新嘉坡帝國總領事玉木勝次郎報告	自動車、自轉車、自動自轉車竝同附属品乳母車輸入商竝取扱商　（新嘉坡）	紹介
21 昭和3年8月6日発行	10-12頁	外務省通商局	英領馬來及錫蘭の護謨輸出制限と輸出税	経濟
22 昭和3年8月13日発行	電4頁	昭和3年8月3日著在新嘉坡帝國總領事玉木勝次郎電報	英領馬來今期護謨輸出制限率	電報
22 昭和3年8月13日発行	23-28頁	昭和3年6月25日附在新嘉坡帝國總領事玉木勝次郎報告	ラテックスに關する調査	商品
23 昭和3年8月20日発行	55-57頁	昭和3年6月12日在新嘉坡玉木總領事報告	英領馬來對外貿易統計（四月）	貿易
26 昭和3年9月10日発行	11-12頁	昭和3年7月17日附在新嘉坡帝國總領事玉木勝次郎報告	英領馬來護謨輸出入状況（上半期）	商品
26 昭和3年9月10日発行	64-65頁	昭和3年7月10日附在新嘉坡玉木總領事報告	英領馬來對外貿易統計（五月）	貿易
26 昭和3年9月10日発行	66頁	昭和3年7月17日附在新嘉坡玉木總領事報告	英領馬來護謨輸出入数量（五月-六月）	商品

第3巻（自第30號至第43號）
昭和3年自10月至12月

30 昭和3年10月1日発行	59-61頁	昭和3年8月10日附在新嘉坡玉木總領事報告	英領馬來對外貿易統計（六月）	貿易
32 昭和3年10月15日発行	17-18頁	昭和3年9月3日附在新嘉坡帝國總領事玉木勝次郎報告	英領馬來の護謨在荷高（六月末現在）	商品
35 昭和3年11月5日発行	59-61頁	昭和3年9月7日附在新嘉坡玉木總領事報告	英領馬來對外貿易統計（七月）	貿易
36 昭和3年11月12日発行	14頁	昭和3年10月5日附在新嘉坡帝國總領事玉木勝次郎報告	英領馬來對英本國向郵便物マルセイユ・倫敦間航空聯絡輸送開始	經濟
41 昭和3年12月10日発行	62-64頁	昭和3年10月4日附在新嘉坡玉木總領事報告	日本對英領馬來重要貿易品價額	貿易
42 昭和3年12月17日発行	54-55頁	昭和3年10月9日附在新嘉坡玉木總領事報告	英領馬來對外貿易統計（八月）	貿易

1929年（昭和4年）
第4巻（自第44號至第57號）
昭和4年自1月至3月

44 昭和4年1月7日発行	21-23頁	昭和3年10月23日附在新嘉坡帝國總領事玉木勝次郎報告	最近の石炭巾況と日本炭輸入狀況（新嘉坡）	商品
45 昭和4年1月14日発行	57-59頁	昭和3年11月9日附在新嘉坡玉木總領事報告	英領馬來對外貿易統計（九月）	貿易
46 昭和4年1月21日発行	4-7頁	昭和3年11月26日附在新嘉坡帝國總領事玉木勝次郎報告	新嘉坡港貿易概況（一九二八年上半期）	貿易
46 昭和4年1月21日発行	9頁	昭和3年12月3日附在新嘉坡帝國總領事玉木勝次郎報告	ボルネオ近海に於ける鱶の大規模漁獲計畫	經濟
47 昭和4年1月28日発行	22-24頁	昭和3年12月10日附在新嘉坡帝國總領事玉木勝次郎報告	英領馬來對外竝對本邦貿易統計（一九二八年十月）	貿易
48 昭和4年2月4日発行	18-22頁	昭和3年12月5日附在新嘉坡帝國總領事玉木勝次郎報告	新嘉坡に於ける麥酒會社設立計畫	經濟
48 昭和4年2月4日発行	73頁	昭和3年12月10日附在新嘉坡帝國總領事玉木勝次郎報告	獸皮輸出支那商（彼南）	紹介
50 昭和4年2月12日発行	60頁	昭和3年12月13日附在新嘉坡玉木總領事報告	石炭輸入統計（シンガポール）『一九二八年九-十月』	商品
52 昭和4年2月25日発行	17-19頁	昭和4年1月10日附在シンガポール帝國總領事玉木勝次郎報告	英領マレイ對外竝對本邦貿易統計（十一月）	貿易
55 昭和4年3月18日発行	64-66頁	昭和4年2月6日附在新嘉坡玉木總領事報告	英領マレイ對外竝對本邦貿易統計（十二月）	貿易

昭和4年自4月至6月

2 昭和4年4月8日発行	75頁	昭和4年2月8日附在シンガポール帝國總領事玉木勝次郎報告	トバ根取引狀況（シンガポール）	商品
3 昭和4年4月15日発行	6-10頁	昭和4年2月19日附在シンガポール帝國總領事玉木勝次郎報告	本邦製婦人用絹靴下販路擴張策（英領マレイ）	商品
3 昭和4年4月15日発行	67頁	昭和4年2月26日附在新嘉坡玉木總領事報告	石炭輸入量額（シンガポール）『十一及十二月』	商品
5 昭和4年4月30日発行	69-71頁	昭和4年2月27日附在新嘉坡玉木總領事報告	機械其他輸入品別數量三年比較（シンガポール）	貿易
6 昭和4年5月6日発行	12-14頁	昭和4年3月20日附在シンガポール帝國總領事玉木勝次郎報告	英領マレイ對本邦貿易（一九二八年）	貿易
6 昭和4年5月6日発行	73-75頁	昭和4年3月23日附在シンガポール玉木總領事報告	英領マレイ對外竝本邦貿易（一月）	貿易
7 昭和4年5月13日発行	21-26頁	昭和4年3月20日附在シンガポール帝國總領事玉木勝次郎報告	英領マレイ貿易年報（一九二八年）『其一』	貿易
7 昭和4年5月13日発行	77頁	昭和4年3月26日附在シンガポール帝國總領事玉木勝次郎報告	Talcum Pawder 輸入商（シンガポール）	紹介
7 昭和4年5月13日発行	78頁	昭和4年3月20日附在シンガポール帝國總領事玉木勝次郎報告	建築用陶磁器輸入商（シンガポール）	紹介
8 昭和4年5月20日発行	38-43頁	昭和4年3月20日附在シンガポール帝國總領事玉木勝次郎報告	英領マレイ貿易年報（一九二八年）『其二』	貿易
8 昭和4年5月20日発行	73-74頁	昭和4年2月27日附在シンガポール帝國總領事玉木勝次郎報告	機械工具及各種商品取扱商（シンガポール）	紹介
10 昭和4年5月27日発行	34-35頁	昭和4年2月15日附在シンガポール帝國總領事玉木勝次郎報告	コプラ粕産出竝取引事情（シンガポール）	商品
10 昭和4年5月27日発行	75-77頁	昭和4年4月11日附在シンガポール玉木總領事報告	英領マレイ對外竝本邦貿易（二月）	貿易
12 昭和4年6月10日発行	77-79頁	昭和4年3月27日附在シンガポール帝國總領事玉木勝次郎報告	各種商品輸入商（英領マレイ）	紹介

第2第2
昭和4年自7月至9月

17 昭和4年7月15日発行	電1頁	昭和4年7月5日著在シンガポール帝國總領事玉木勝次郎電報	マレイ聯邦の輸出入税率變更	電報
18 昭和4年7月22日発行	27-35頁	昭和4年6月10日附在シンガポール帝國總領事玉木勝次郎報告	英領マレイに於けるオイルパーム『其一』	商品
19 昭和4年7月29日発行	29-33頁	昭和4年6月10日附在シンガポール帝國總領事玉木勝次郎報告	英領マレイに於けるオイルパーム『其二』	商品
20 昭和4年8月5日発行	35-37頁	昭和4年6月18日附在シンガポール玉木總領事報告	刷子類需給狀況（海峽殖民地）	商品

23 昭和4年8月26日発行	18-19頁	昭和4年7月18日附在シンガポール玉木總領事報告	内外諸會社の現勢一班（海峽殖民地）	經濟
24 昭和4年9月2日発行	電1頁	昭和4年8月24日著在シンガポール玉木總領事電報	護謨公定價格公布（マレイ聯邦）	電報
25 昭和4年9月9日発行	電1頁	昭和4年9月2日著在シンガポール玉木總領事電報	護謨公定相場（マレイ聯邦）	電報
25 昭和4年9月9日発行	51頁	昭和4年7月30日附在シンガポール帝國總領事館報告	石炭輸入竝貯炭高（シンガポール）『四-六月』	商品

第2第3
昭和4年自10月至12月

35 昭和4年11月18日発行	30-33頁	外務省通商局	ケランタン州（マレー非聯邦州）の産業及貿易	經濟
35 昭和4年11月18日発行	69-70頁	昭和4年9月16日附在シンガポール帝國總領事館報告	靴、鞄材料、自動車附属品竝衣服材料輸入商（シンガポール）	紹介
36 昭和4年11月25日発行	67頁	昭和4年10月7日附在シンガポール帝國總領事館報告	石炭輸入統計（シンガポール）『七, 八月』	商品
36 昭和4年11月25日発行	69-70頁	昭和4年10月2日附在シンガポール帝國總領事館報告	Gum Copal 及Damar 輸出商（シンガポール）	紹介
38 昭和4年12月9日発行	25-29頁	昭和4年10月28日附在シンガポール玉木總領事報告	シンガポール港外國貿易状況（上半期）	貿易
38 昭和4年12月9日発行	29-35頁	外務省通商局	マレイ半島に於ける支那人	經濟
38 昭和4年12月9日発行	65-68頁	昭和4年10月30日及11月5日附在シンガポール玉木總領事報告	英領マレイ對本邦貿易統計（六月一九月）	貿易
40 昭和4年12月23日発行	26-29頁	外務省通商局	英領マレイに於ける錫の将来	經濟
40 昭和4年12月23日発行	29-30頁	昭和4年11月7日附在シンガポール玉木總領事報告	硫酸輸入状況（英領マレイ）	商品
40 昭和4年12月23日発行	69頁	昭和4年11月7日附在シンガポール帝國總領事館報告	船具、帆布、刺繍装飾品、雑貨等取扱商（シンガポール）	紹介

1930年（昭和5年）
第3第1
昭和5年自1月至3月

1 昭和5年1月6日発行	14-20頁	外務省通商局、小林外務書記生調査	英領マレイのオイル・パーム會社栽培企業經營新案	經濟
3 昭和5年1月20日発行	26-32頁	外務省通商局、Commerce Reports, Feb. 4, 1929に依る、蓮見嘱託譯	英領マレイに於ける建築材料市場	商品
3 昭和5年1月20日発行	59頁	昭和4年11月26日附在シンガポール玉木總領事報告	マレイ聯邦政府の錫鑛新採掘不許可聲明	經濟
4 昭和5年1月27日発行	72-73頁	昭和4年11月30日附在シンガポール帝國總總領事館報告	日本對英領マレイ重要貿易品統計（昭和三年）	貿易
5 昭和5年2月3日発行	43-48頁	昭和4年12月19日附在シンガポール玉木總領事報告	薄荷需給状況（英領マレイ）	商品
5 昭和5年2月3日発行	72-74頁	昭和4年11月26日附在シンガポール帝國總領事館報告	本邦對マレイ貿易統計（十月）	貿易
6 昭和5年2月10日発行	38-39頁	昭和4年12月23日附在シンガポール玉木總領事報告	本邦製莫大小製品需要状況（英領マレイ）	商品
6 昭和5年2月10日発行	67-68頁	昭和4年12月12日附在シンガポール玉木總領事報告	アスファルト及同製品需要状況（英領マレイ）	商品
6 昭和5年2月10日発行	71-73頁	昭和5年1月2日附在シンガポール帝國總領事館報告	本邦對マレイ貿易品別統計（十一月）	貿易
8 昭和5年2月24日発行	43-45頁	昭和5年1月10日附在シンガポール玉木總領事報告	蕃椒需給竝用途状況（シンガポール）	商品
8 昭和5年2月24日発行	61頁	昭和5年1月7日附在シンガポール玉木總領事報告	マレイ聯邦輸出入新税率公布	經濟
10 昭和5年3月10日発行	69頁	昭和5年1月22日附在シンガポール帝國總領事館報告	石炭輸入統計（シンガポール）『十一月』	商品
11 昭和5年3月17日発行	28-30頁	昭和5年2月1日附在シンガポール玉木總領事報告	マレイの錫生産制限	經濟
11 昭和5年3月17日発行	72頁	昭和5年1月13日附在シンガポール帝國總領事館報告	貝類罐詰輸入商（シンガポール）	紹介

第3第2

14 昭和5年4月7日発行	25-32頁	昭和5年2月11日附在シンガポール玉木總領事報告	原動力機其他需給状況（英領マレイ）	商品
15 昭和5年4月14日発行	47-54頁	昭和5年2月26日附在シンガポール玉木總領事報告	英領マレイ對本邦貿易状況（一九二九年）	貿易
15 昭和5年4月14日発行	67-69頁	昭和5年3月7日附在シンガポール帝國總領事館報告	本邦對マレイ貿易統計（一月）	貿易
16 昭和5年4月21日発行	47-50頁	昭和5年2月27日附在シンガポール玉木總領事報告	苹果取引状況（シンガポール）	商品
17 昭和5年4月28日発行	29-32頁	昭和5年3月17日附在シンガポール玉木總領事報告	化粧品取引状況（シンガポール）	商品
17 昭和5年4月28日発行	44-45頁	昭和5年1月28日附在シンガポール玉木總領事報告	印刷諸機械輸入状況竝取扱商（英領マレイ）	商品
17 昭和5年4月28日発行	71頁	昭和5年2月28日附在シンガポール玉木總領事報告	シンガポール、バタヴィア間定期航空便開設	交通
18 昭和5年5月5日発行	35-37頁	昭和5年2月27日附在新嘉坡玉木總領事報告	電氣事業状況（英領マレイ）	工業

20 昭和5年5月19日発行	47-51頁	昭和5年4月4日附在シンガポール玉木總領事報告	シンガポール港貿易概況（一九二九年）	貿易
21 昭和5年5月26日発行	75頁	昭和5年4月14日附在シンガポール帝國總領事館報告	護謨靴及運動靴竝玩具輸入商（シンガポール）	紹介

第3第3
昭和5年自7月至9月

27 昭和5年7月7日発行	65-66頁	昭和5年5月24日附在シンガポール米垣總領事代理報告	マレイ聯邦護謨輸出新税率公布	關税
30 昭和5年7月28日発行	1-16頁	昭和5年5月16日附在シンガポール玉木總領事報告	ゴム市場管理の可能性に就て	經理
32 昭和5年8月11日発行	51-53頁	昭和5年7月3日附在新嘉坡帝國總領事館報告	英領マレイ對本邦貿易統計（五月）	貿易
33 昭和5年8月18日発行	61頁	昭和5年6月27日附在シンガポール帝國總領事館報告	雑貨及化粧品竝賣薬取扱商（シンガポール）	紹介
35 昭和5年9月1日発行	電2-3頁	昭和5年8月27日著在シンガポール米垣總領事代理電報	海峡殖民地及蘭領インドの護謨問題商議	商品
35 昭和5年9月1日発行	5-8頁	昭和5年7月22日附在シンガポール米垣總領事代理報告	本邦醬油の需給と販路擴張策（シンガポール）	商品
39 昭和5年9月29日発行	44-47頁	昭和5年8月8日附在シンガポール米垣總領事代理報告	印刷用インキ需給状況竝取扱商等（英領マレイ）	商品
39 昭和5年9月29日発行	76-78頁	昭和5年8月7日附在シンガポール米垣總領事代理報告	英領マレイ對本邦貿易統計（一九三〇年六月）	貿易

第3第4

40 昭和5年10月6日発行	59-60頁	昭和5年7月24日附在シンガポール米垣總領事代理報告	布製、ゴム製靴及靴附属品取扱商竝取引條件（シンガポール）	商品
43 昭和5年10月27日発行	75-76頁	昭和5年9月4日附在シンガポール帝國總領事館報告	英領マレイ對本邦貿易統計（一九三〇年七月）	貿易
45 昭和5年11月10日発行	81-82頁	昭和5年10月3日附在シンガポール帝國總領事館報告	英領マレイ對本邦貿易統計（一九三〇年八月）	貿易
45 昭和5年11月10日発行	83-84頁	昭和5年8月27日附在シンガポール帝國總領事館報告	人絹織物輸入統計（シンガポール）『一九二八-三〇年』	商品
46 昭和5年11月17日発行	20-22頁	昭和5年8月12日附在シンガポール米垣總領事代理報告	鑛石需給状況（英領マレイ）	商品
48 昭和5年12月1日発行	17-21頁	昭和5年10月5日附在シンガポール米垣總領事代理報告	本邦製人造絹織物需給状況（英領マレイ）	商品
49 昭和5年12月8日発行	83-85頁	昭和5年10月27日附在シンガポール帝國總領事館報告	日本對英領マレイ重要貿易品價額（昭和三、四年）	貿易
50 昭和5年12月15日発行	37-38頁	昭和5年10月15日附在シンガポール米垣總領事代理報告	薬用人参取引状況竝取扱商（シンガポール）	商品
50 昭和5年12月15日発行	46-49頁	昭和5年10月31日附在シンガポール米垣總領事代理報告	英領マレイ對外貿易状況（一九二九年）	貿易

1931年（昭和6年）
第4第1
昭和6年1-3月

2 昭和6年1月12日発行	47-49頁	昭和5年11月10日附在シンガポール米垣總領事代理報告	石炭市況（シンガポール）	商品
2 昭和6年1月12日発行	72頁	（シンガポール政廳十一月二十一日発行官報公表）	海峡殖民地の一九三一年度公休日	雑録
5 昭和6年2月2日発行	37-40頁	昭和5年10月17日附在シンガポール米垣總領事代理報告	シンガポール港對外貿易状況（一九三〇年上半期）	貿易
12 昭和6年3月23日発行	55-56頁	昭和6年2月5日附在シンガポール米垣總領事代理報告	ソヴィエト聯邦製綿布の南洋市場進出	商品

第4第2
昭和6年4-6月

14 昭和6年4月6日発行	電3頁	昭和6年4月1日著在シンガポール伊藤總領事代理報告	英領マレイ向貨物原産國名證明インボイス入用	關税
15 昭和6年4月13日発行	電1頁	昭和6年4月2日著在シンガポール伊藤總領事代理電報	英領マレイ向輸出品インヴオイス原産國名記入勵行	關税
15 昭和6年4月13日発行	84頁	昭和6年2月13日附在シンガポール帝國領事館報告	歯科材料取扱商（シンガポール）	紹介
16 昭和6年4月20日発行	39-44頁	昭和6年3月26日著在シンガポール伊藤總領事代理報告	英領マレイ對本邦貿易状況（一九三〇年）	貿易
17 昭和6年4月27日発行	電4頁	昭和6年4月23日著在シンガポール伊藤總領事代理電報	護謨の英蘭限産協定成立望薄竝錫國際限産協定成立法案マレイ聯邦州議會通過	經理
19 昭和6年5月11日発行	84頁	昭和6年4月8日著在シンガポール伊藤總領事代理報告	重過燐酸需要状況（英領マレイ）	商品
23 昭和6年6月8日発行	電1頁	昭和6年6月2日著在シンガポール伊藤總領事代理電報	マレイ聯邦の輸入税改正と本邦關係商品	關税
23 昭和6年6月8日発行	73頁	昭和6年4月30日附在シンガポール伊藤總領事代理報告	マレイ聯邦州の錫鑛輸出附加税賦課	關税
25 昭和6年6月22日発行	71-72頁	昭和6年5月19日附同6月4日著在シンガポール伊藤領事代理報告	邦人向上草履の輸入商及取引状況（シンガポール）	商品
26 昭和6年6月29日発行	電2頁	昭和6年6月24日著在シンガポール伊藤總領事代理電報	護謨竝錫市況（海峡殖民地）	商品
26 昭和6年6月29日発行	51-53頁	昭和6年5月15日附同6月4日著在シンガポール伊藤總領事代理報告	光學精密機械類需要状況（英領マレイ）	商品

第4第3
昭和6年7－9月

27 昭和6年7月6日発行	2-4頁	昭和6年5月18日附同6月4日著在シンガポール伊藤總領事代理報告	マレイの錫制限法と其生産状況	經理
28 昭和6年7月13日発行	75-76頁	昭和6年5月20日附6月15日著在シンガポール伊藤總領事代理報告	石炭市況、輸入炭及貯蓄高（シンガポール）『一九三一年四月』	商品
29 昭和6年7月20日発行	電3-4頁	昭和6年7月15日著在シンガポール伊藤總領事代理電報	橫濱直行ドイツ汽船に傳伝病發生（シンガポール）	檢疫
29 昭和6年7月20日発行	71頁	昭和6年5月19日附6月4日著在シンガポール總領事館報告	加工綿布及人絹布輸入商（シンガポール）	紹介
30 昭和6年7月27日発行	電4頁	昭和6年7月22日著在シンガポール伊藤總領事代理電報	護謨竝錫市況（シンガポール）	商品
30 昭和6年7月27日発行	24-25頁	昭和6年6月5日附在シンガポール伊藤總領事代理報告	マレイ聯邦州輸入税改正	關税
30 昭和6年7月27日発行	70-71頁	昭和6年5月11日附6月4日著在シンガポール帝國總領事館報告	萬年筆、鉛筆、文具雑具取扱商（シンガポール）	紹介
34 昭和6年8月24日発行	69頁	昭和6年6月11日附在シンガポール帝國總領事館報告	クラウン・コルク輸入取扱及同需要者（英領マレイ）	紹介
35 昭和6年8月31日発行	電1頁	昭和6年8月25日著在シンガポール伊藤總領事代理電報	護謨及錫市況（マレイ）	商品
36 昭和6年9月7日発行	電1頁	昭和6年9月1日著在シンガポール伊藤總領事代理電報	護謨菌救濟とマレイ總督	農業
37 昭和6年9月14日発行	1-2頁	昭和6年7月16日附在シンガポール伊藤總領事代理報告	シンガポール商用飛行場設置計畫	交通
37 昭和6年9月14日発行	70頁	昭和6年5月26日附在シンガポール帝國總領事館報告	ガッタ・パーチヤ取扱商（シンガポール）	紹介
39 昭和6年9月28日発行	11-12頁	昭和6年8月20日附在シンガポール伊藤總領事代理報告	毛織物輸入商及輸入税竝輸入状況（英領マレイ）	商品

第4第4
昭和6年10－12月

英領マレイ

40 昭和6年10月5日発行	電4頁	昭和6年9月29日著在シンガポール伊藤總領事代理電報	海峽殖民地立法會議開會、消費税引上實施	財經
40 昭和6年10月5日発行	電4頁	昭和6年9月28日著在シンガポール伊藤總領事代理電報	護謨及錫市況（マレイ）『一九三一年八月』	商品
40 昭和6年10月5日発行	56-57頁	昭和6年8月27日附在シンガポール伊藤總領事代理報告	蒟蒻粉取引事情（シンガポール）	商品
41 昭和6年10月12日発行	83-85頁	昭和6年8月13日附在シンガポール帝國總領事館報告	本邦品輸入業者（シンガポール）	紹介
43 昭和6年10月26日発行	55-56頁	昭和6年9月10日附在シンガポール伊藤總領事代理報告	二硫化炭素需給状況（英領マレイ）	商品
44 昭和6年11月2日発行	電1頁	昭和6年10月27日著在シンガポール伊藤總領事代理電報	護謨及錫市況（マレイ）	商品
45 昭和6年11月9日発行	77-78頁	昭和6年8月20日附在シンガポール帝國總領事館報告	回教徒の貿易商、書店及回教寺院竝マレイ語新聞（シンガポール）	紹介
46 昭和6年11月16日発行	電4頁	昭和6年11月12日著在シンガポール伊藤總領事代理電報	英領マレイ聯邦新輸入税實施	關税
46 昭和6年11月16日発行	65-66頁	昭和6年8月20日附在シンガポール帝國總領事館報告	器械、薬品、器具及學校用品等輸入商（シンガポール）	紹介
47 昭和6年11月24日発行	電6頁	昭和6年11月19日著在シンガポール伊藤總領事代理電報	英領マレイ新輸入税品目及税率修正	關税
47 昭和6年11月24日発行	56頁	昭和6年9月5日附在シンガポール伊藤總領事代理報告	ジョホール州の石油及酒類竝煙草輸入税改正	關税
47 昭和6年11月24日発行	59-61頁	昭和6年10月10日附在シンガポール伊藤總領事代理報告	海峽殖民地の石油及酒類竝煙草税引上實施	外法
48 昭和6年11月30日発行	電4頁	昭和6年11月25日著在シンガポール伊藤總領事代理電報	護謨及錫市況（英領マレイ）	商品
50 昭和6年12月14日発行	52頁	昭和6年10月23日附在シンガポール伊藤總領事代理報告	石炭市況（シンガポール）『昭和六年八月』	商品
51 昭和6年12月21日発行	電3頁	昭和6年12月12日著在シンガポール伊藤總領事代理電報	護謨市況（シンガポール）	商品
52 昭和6年12月28日発行	電4頁	昭和6年12月19日著在シンガポール伊藤總領事代理電報	シンガポールに於ける本邦金輸出禁止の影響竝為替相場	財經
52 昭和6年12月28日発行	電8頁	昭和6年12月24日著在シンガポール伊藤總領事代理電報	護謨及錫市況（英領マレイ）	商品
52 昭和6年12月28日発行	12-14頁	昭和6年10月19日附在シンガポール伊藤總領事代理報告	英領マレイ關税同盟に關する海峽殖民地關税調査委員會の諮問事項及調査要領	關税

1932年（昭和7年）
第5第1
昭和7年1－3月

2 昭和7年1月18日発行	46頁	昭和6年11月20日附在シンガポール伊藤總領事代理報告	マレイ聯邦州新輸入關税公布	關税
4 昭和7年2月1日発行	電4頁	昭和7年1月27日著在シンガポール伊藤總領事代理電報	護謨及錫市況（シンガポール）	商品
5 昭和7年2月8日発行	65-66頁	昭和6年12月14日附在シンガポール帝國總領事館報告	英領マレイ對本邦貿易品別統計（昭和六年十月）	貿易
8 昭和7年2月29日発行	38頁	昭和7年1月6日附在シンガポール伊藤總領事代理報告	石炭市況（シンガポール）『昭和六年十一月』	商品

9 昭和7年3月7日発行	電2頁	昭和7年3月1日著在シンガポール伊藤總領事代理電報	護謨及錫市況（シンガポール）	商品
9 昭和7年3月7日発行	44頁	昭和6年12月19日附在シンガポール伊藤總領事代理報告	シンガポール日本人商工會議所設立	機關
9 昭和7年3月7日発行	44頁	外務省通商局	海峽植民地公休及銀行法定休業日（一九三二年）	雑錄
10 昭和7年3月14日発行	40頁	昭和7年1月6日附在シンガポール伊藤總領事代理報告	マレイ聯邦州の錫鑛輸出附加税增徴	關税
11 昭和7年3月21日発行	電1頁	昭和7年3月11日著在シンガポール伊藤總領事代理電報	マレイ聯邦州輸入税率改訂	關税
11 昭和7年3月21日発行	33-35頁	昭和7年1月22日附在シンガポール伊藤總領事代理報告	シンガポールに於けるビール醸造工場設置	工業
11 昭和7年3月21日発行	42頁	昭和7年2月1日附在シンガポール伊藤總領事代理報告	ジョホール州産酒類及燐寸消費税賦課	財經
12 昭和7年3月28日発行	電3頁	昭和7年3月24日著在シンガポール伊藤總領事代理電報	護謨及錫市況（シンガポール）	商品
12 昭和7年3月28日発行	43頁	昭和7年2月12日附在シンガポール伊藤總領事代理報告	石炭市況（シンガポール）『一九三一年十二月』	商品
12 昭和7年3月28日発行	49-50頁	昭和7年1月28日附在シンガポール帝國總領事館報告	英領マレイ對本邦貿易品別統計（一九三一年十一月）	貿易

第5第2
昭和7年4－6月

13 昭和7年4月4日発行	66-68頁	昭和7年2月12日附在シンガポール帝國總領事館報告	英領マレイ對本邦貿易品別統計（一九三一年十二月）	貿易
14 昭和7年4月11日発行	26-30頁	昭和7年2月15日附在シンガポール伊藤總領事代理報告	マレイ護謨産業概況（一九三〇年）	農業
17 昭和7年5月2日発行	電3頁	昭和7年4月27日著在シンガポール伊藤總領事代理電報	護謨及錫市況（シンガポール）	商品
20 昭和7年5月23日発行	63-65頁	昭和7年4月1日附在シンガポール帝國總領事館報告	英領マレイ對本邦貿易品別統計（一九三一年）	貿易
21 昭和7年5月30日発行	電2頁	昭和7年5月26日著在シンガポール伊藤總領事代理電報	護謨及錫市況（シンガポール）	商品
21 昭和7年5月30日発行	82-83頁	昭和7年4月15日附在シンガポール帝國總領事館報告	マレイ對本邦貿易品別統計（一九三二年一月）	貿易
22 昭和7年6月6日発行	電1頁	昭和7年5月31日著在シンガポール伊藤總領事代理電報	海峽殖民地の酒及煙草消費税率變更	關税
22 昭和7年6月6日発行	電3頁	昭和7年6月2日著在シンガポール伊藤總領事代理電報	マレイ聯邦州輸入税率變更	關税
23 昭和7年6月13日発行	42-43頁	昭和7年5月5日附在シンガポール伊藤總領事代理報告	ジョホール州の輸入税改正	關税
24 昭和7年6月20日発行	22-23頁	昭和7年5月5日附在シンガポール伊藤總領事代理報告	マレイに於ける英帝國品使用奬勵運動	財經
25 昭和7年6月27日発行	57-60頁	昭和7年5月5日附在シンガポール伊藤總領事代理報告	石炭市況（シンガポール）『一九三二年一月-三月』	商品
25 昭和7年6月27日発行	71-73頁	昭和7年5月14日附在シンガポール帝國總領事館報告	マレイ對日貿易統計（一九三二年二月）	貿易

第5第3
昭和7年7－9月

26 昭和7年7月4日発行	電2頁	昭和7年6月25日著在シンガポール伊藤總領事代理電報	護謨及錫市況（シンガポール）	商品
26 昭和7年7月4日発行	65-67頁	昭和7年5月22日附在シンガポール帝國總領事館報告	マレイ對本邦貿易品別統計（昭和七年三月）	貿易
27 昭和7年7月11日発行	67-68頁	昭和7年5月27日附在シンガポール伊藤總領事代理報告	石炭市況（シンガポール）『昭和七年四月』	商品
29 昭和7年7月25日発行	5-7頁	昭和7年6月6日附在シンガポール伊藤總領事代理報告	海峽殖民地の酒、煙草税英國品特恵率實施	關税
29 昭和7年7月25日発行	55-56頁	昭和7年6月20日附在シンガポール伊藤總領事代理報告	海峽殖民地各港船舶出入状況（一九三一年）	交通
30 昭和7年8月1日発行	電1頁	昭和7年7月26日著在シンガポール伊藤總領事代理電報	護謨及錫市況（シンガポール）	商品
30 昭和7年8月1日発行	61-62頁	昭和7年6月23日附在シンガポール帝國總領事館報告	マレイ對日貿易品別統計（一九三二年四月）	貿易
31 昭和7年8月8日発行	電1-2頁	昭和7年7月31日著在シンガポール伊藤總領事代理電報	マレイ聯邦州の農園免租措置	農業
31 昭和7年8月8日発行	1-2頁	昭和7年6月17日附在シンガポール伊藤總領事代理報告	マレイ聯邦州新關税實施	關税
34 昭和7年8月29日発行	58-59頁	昭和7年7月23日附在シンガポール帝國總領事館報告	英領マレイ對本邦貿易品別統計（一九三二年五月）	貿易
35 昭和7年9月5日発行	電1頁	昭和7年8月29日著在シンガポール田村總領事電報	本邦雜貨及護謨竝錫市況（シンガポール）	商品
35 昭和7年9月5日発行	50-53頁	昭和7年7月23日附在シンガポール伊藤總領事代理報告	生果物需給状況（シンガポール）	商品
36 昭和7年9月12日発行	電2頁	昭和7年9月6日著在シンガポール田村總領事電報	シンガポール經濟情報	財經
37 昭和7年9月19日発行	電1頁	昭和7年9月13日著在シンガポール田村總領事電報	シンガポール經濟情報	財經
38 昭和7年9月26日発行	電5頁	昭和7年9月20日著在シンガポール田村總領事電報	シンガポール經濟情報	財經
38 昭和7年9月26日発行	39-43頁	昭和7年8月11日附在シンガポール伊藤總領事代理報告	寒天需給状況（英領マレイ）	商品

38 昭和7年9月26日発行	61-62頁	昭和7年8月11日附在シンガポール帝國總領事館報告	マレイ對本邦貿易統計（一九三二年六月）	貿易

第5第4
昭和7年10−12月

39 昭和7年10月3日発行	電4頁	昭和7年9月28日著在シンガポール田村總領事電報	シンガポール經濟情報	財經
40 昭和7年10月10日発行	電3頁	昭和7年10月5日著在シンガポール田村總領事電報	シンガポール經濟情報	財經
41 昭和7年10月17日発行	電1頁	昭和7年10月11日著在シンガポール田村總領事電報	シンガポール經濟情報	財經
41 昭和7年10月17日発行	59-60頁	昭和7年9月3日附在シンガポール田村總領事報告	石炭市況（シンガポール）『昭和七年六月』	商品
42 昭和7年10月24日発行	電2-3頁	昭和7年10月14日著在シンガポール田村總領事電報	マレイ聯邦關税改正と本邦關係品税率	關税
42 昭和7年10月24日発行	電4頁	昭和7年10月18日著在シンガポール田村總領事電報	シンガポール經濟情報	財經
42 昭和7年10月24日発行	49-51頁	昭和7年9月14日附在シンガポール田村總領事報告	シンガポール地方主要物産市價（一九三二年七月）	財經
42 昭和7年10月24日発行	60頁	昭和7年9月10日附在シンガポール田村總領事報告	パーム油及パーム・カーネル産出高（英領マレイ）『一九三二年上半期』	農業
43 昭和7年10月31日発行	電1頁	昭和7年10月25日著在シンガポール田村總領事電報	シンガポール經濟情報	財經
43 昭和7年10月31日発行	76頁	昭和7年9月5日附在シンガポール帝國總領事館報告	護謨輸出入量（英領マレイ）『一九三二年七月及一一七月』	商品
44 昭和7年11月7日発行	電3頁	昭和7年11月1日著在シンガポール田村總領事電報	シンガポール經濟情報	財經
44 昭和7年11月7日発行	66-67頁	昭和7年9月20日附在シンガポール田村總領事報告	英領マレイに於ける護謨園休採面積（一九三二年七月）	農業
45 昭和7年11月14日発行	電3頁	昭和7年11月9日著在シンガポール田村總領事電報	シンガポール經濟情報	財經
46 昭和7年11月21日発行	電5頁	昭和7年11月16日著在シンガポール田村總領事電報	シンガポール經濟情報	財經
46 昭和7年11月21日発行	40-44頁	（外務省通商局）（1931年度ジョホール州年報に依る）	マレイ半島ジョホール州最近經濟事情	事情
46 昭和7年11月21日発行	56-57頁	昭和7年9月19日附在シンガポール田村總領事報告	マレイ及其他各地に於ける米集散概況	
46 昭和7年11月21日発行	57-59頁	昭和7年10月4日附在シンガポール田村總領事報告	シンガポール地方主要物産市況（一九三二年八月）	財經
46 昭和7年11月21日発行	70頁	昭和7年9月29日附在シンガポール田村總領事報告	本邦輸出農産物の品質竝船積輸送上注意事項（シンガポール）	貿易
46 昭和7年11月21日発行	71頁	昭和7年10月13日附在シンガポール田村總領事報告	英領マレイ護謨産出量（一九三二年八月）	農業
47 昭和7年11月28日発行	74頁	昭和7年10月13日附在シンガポール帝國總領事館報告	乾、鹽魚對支那竝ホンコン輸出額（英領マレイ）『昭和七年八月』	商品
48 昭和7年12月5日発行	電2頁	昭和7年11月25日著在シンガポール田村總領事電報	シンガポール經濟情報	財經
48 昭和7年12月5日発行	72-74頁	昭和7年10月17日附在シンガポール帝國總領事館報告	綿、絹絲布及同加工品輸出入統計（英領マレイ）『一九三二年八月』	商品
49 昭和7年12月12日発行	電2頁	昭和7年12月7日著在シンガポール田村總領事電報	シンガポール經濟情報	財經
49 昭和7年12月12日発行	4-8頁	昭和7年11月2日附在シンガポール田村總領事報告	シンガポール對外貿易狀況（一九三二年上半期）	貿易
50 昭和7年12月19日発行	電5頁	昭和7年12月15日著在シンガポール田村總領事電報	シンガポール經濟情報	財經
50 昭和7年12月19日発行	18-19頁	昭和7年11月5日附在シンガポール田村總領事報告	マレイ聯邦州輸入關税一部改正	關税
51 昭和7年12月26日発行	電5頁	昭和7年12月22日著在シンガポール田村總領事電報	コロンボを天然痘流行地と指定	檢疫
51 昭和7年12月26日発行	14-18頁	昭和7年10月19日同20日、同22日附在シンガポール田村總領事報告	英領マレイの關税改正	關税
51 昭和7年12月26日発行	54 55頁	昭和7年11月8日附在シンガポール田村總領事報告	シンガポール地方主要物産市況（一九三二年九月）	財經
51 昭和7年12月26日発行	65頁	昭和7年11月12日附在シンガポール田村總領事報告	英國陳列所設置計畫（シンガポール）	機關
51 昭和7年12月26日発行	65-66頁	昭和7年11月18日附在シンガポール田村總領事報告	パーム油及パーム・カーネル産出高（英領マレイ）『一九三二年七−九月』	商品
51 昭和7年12月26日発行	66-67頁	昭和7年11月8日附在シンガポール田村總領事報告	石炭市況（シンガポール）『一九三二年九月』	商品

1933年（昭和8年）
第6第1
昭和8年1−3月

1 昭和8年1月9日発行	電2頁	昭和7年12月24日著在シンガポール田村總領事電報	マレイ貿易額（一九三二年）竝シンガポール經濟情報	貿易・財經
1 昭和8年1月9日発行	58-61頁	昭和7年11月16日附在シンガポール田村總領事報告	マレイ麥酒會社製品販賣開始竝英領マレイ麥酒輸入額	商品
2 昭和8年1月16日発行	電2頁	昭和8年1月9日著在シンガポール田村總領事電報	シンガポール經濟情報	財經
2 昭和8年1月16日発行	69-71頁	昭和7年11月20日附在シンガポール帝國總領事館報告	綿、絹綿布及同加工品輸出統計（英領マレイ）『一九三二年九月』	商品

3 昭和8年1月23日発行	電2頁	昭和8年1月17日著在シンガポール田村總領事電報	シンガポール經濟情報		財經
4 昭和8年1月30日発行	5-19頁	昭和7年10月31日附在シンガポール田村總領事報告	英領マレイ外國貿易概況（一九三一年）		貿易
4 昭和8年1月30日発行	53-54頁	昭和7年12月10日附在シンガポール田村總領事報告	英領マレイ護謨生産高（一九三二年十月）		農業
5 昭和8年2月6日発行	電1頁	昭和8年1月31日著在シンガポール田村總領事電報	シンガポール經濟情報		財經
5 昭和8年2月6日発行	電1頁	昭和8年1月30日著在シンガポール田村總領事電報	ホンコンを天然痘流行地に、上海を同容疑地に指定　（英領マレイ）		檢疫
5 昭和8年2月6日発行	49-50頁	昭和7年12月14日附在シンガポール田村總領事報告	石炭市況（シンガポール）『一九三二年十月』		商品
7 昭和8年2月20日発行	電1頁	昭和8年2月14日著在シンガポール田村總領事電報	シンガポール經濟情報		財經
8 昭和8年2月27日発行	電4頁	昭和8年2月23日著在シンガポール田村總領事電報	シンガポール經濟情報		財經
9 昭和8年3月6日発行	47-48頁	昭和8年1月6日附在シンガポール田村總領事報告	シンガポール主要物産市況（一九三二年十一月）		貿易
9 昭和8年3月6日発行	59-62頁	昭和7年12月20日附在シンガポール帝國總領事館報告	綿、絹綿布及同加工品輸出入統計（英領マレイ）『一九三二年十月』		商品
10 昭和8年3月13日発行	電14頁	昭和8年3月7日著在シンガポール田村總領事電報	シンガポール經濟情報		財經
10 昭和8年3月13日発行	44-47頁	昭和8年1月21日附在シンガポール田村總領事報告	シンガポール主要物産市況（昭和七年十二月）		貿易
10 昭和8年3月13日発行	54-55頁	昭和8年1月14日附在シンガポール田村總領事報告	護謨園休採面積（英領マレイ）『一九三二年十一月末』		農業
12 昭和8年3月27日発行	電1-2頁	昭和8年3月21日著在シンガポール田村總領事電報	シンガポール經濟情報		財經
12 昭和8年3月27日発行	59頁	昭和8年2月13日附在シンガポール帝國總領事館報告	鹽, 乾魚對支那ホンコン輸出額（英領マレイ）『昭和七年十二月』		商品

第6第2
昭和8年4－6月

13 昭和8年4月3日発行	54頁	昭和8年1月28日附在シンガポール田村總領事報告	英領マレイ護謨生産高（一九三二年十二月）		農業
14 昭和8年4月10日発行	電1頁	昭和8年4月5日著在シンガポール田村總領事電報	マレイ聯邦の煉乳及食用油脂類關税改正		關税
14 昭和8年4月10日発行	電1頁	昭和8年4月3日著在シンガポール田村總領事電報	マレイ對外貿易額（二月）竝シンガポール經濟情報		貿易・財經
14 昭和8年4月10日発行	70-72頁	昭和8年2月14日附在シンガポール帝國總領事館報告	綿、絹絲布及同加工品輸出入統計（英領マレイ）『一九三二年十二月』		商品
15 昭和8年4月17日発行	電9頁	昭和8年4月14日著在シンガポール田村總領事電報	シンガポール經濟情報		財經
15 昭和8年4月17日発行	49-50頁	昭和8年2月21日附在シンガポール田村總領事報告	シンガポール地方主要物産商況（一九三三年一月）		貿易
16 昭和8年4月24日発行	53-54頁	昭和8年1月6日附在シンガポール田村總領事報告	護謨生産状況（英領マレイ）『一九三二年十一月』」		農業
16 昭和8年4月24日発行	54頁	昭和8年2月5日附在シンガポール田村總領事報告	マレイ聯邦州農作地租輕減延長		財經
16 昭和8年4月24日発行	54-55頁	昭和8年2月27日附在シンガポール田村總領事報告	石炭市況（シンガポール）『一九三三年一月』		商品
17 昭和8年5月1日発行	22-28頁	昭和8年3月3日附在シンガポール田村總領事報告	英領マレイ護謨産業状況（一九三一年）		農業
17 昭和8年5月1日発行	83-84頁	昭和8年2月14日附在シンガポール帝國總領事館報告	護謨休採面積統計（英領馬來）（一九三二年）		農業
18 昭和8年5月8日発行	電6頁	昭和8年5月5日著在シンガポール田村總領事電報	英領マレイ對外貿易額（三月）竝經濟情報		貿易・財經
20 昭和8年5月22日発行	電2頁	昭和8年5月13日著在シンガポール田村總領事電報	シンガポール經濟情報		財經
21 昭和8年5月29日発行	電5頁	昭和8年5月24日著在シンガポール田村總領事電報	シンガポール經濟情報		財經
23 昭和8年6月12日発行	電2頁	昭和8年6月3日著在新嘉坡田村總領事電報	馬來對外貿易額（四月）及新嘉坡經濟情報		貿易・財經
24 昭和8年6月19日発行	電2頁	昭和8年6月15日著在新嘉坡田村總領事電報	新嘉坡經濟情報		財經
25 昭和8年6月26日発行	電2頁	昭和8年6月19日著在新嘉坡田村總領事電報	馬來聯邦關税改正		關税

第6第3
昭和8年7－9月

26 昭和8年7月3日発行	電2頁	昭和8年6月26日著在新嘉坡田村總領事電報	新嘉坡經濟情報		財經
26 昭和8年7月3日発行	電6頁	昭和8年6月30日著在新嘉坡田村總領事電報	ジョホール州關税改正		關税
26 昭和8年7月3日発行	27-33頁	昭和8年4月28日附在新嘉坡田村總領事報告	バター需給状況（英領馬來）		商品
26 昭和8年7月3日発行	51-52頁	昭和8年5月23日附在新嘉坡田村總領事報告	石炭市況（新嘉坡）『昭和八年四月』		商品
26 昭和8年7月3日発行	52頁	昭和8年5月22日附在新嘉坡田村總領事報告	馬來聯邦ポート・ディクソン港出入貨物噸税賦課		外法
27 昭和8年7月10日発行	電4頁	昭和8年7月7日著在新嘉坡田村總領事電報	新嘉坡經濟情報		財經

27 昭和8年7月10日発行	56-57頁	昭和8年5月22日附在新嘉坡田村總領事報告	馬來聯邦州關稅施行規則並輸入税品目中一部改正	關税
29 昭和8年7月24日発行	電1頁	昭和8年7月16日著在新嘉坡田村總領事電報	新嘉坡經濟情報	財經
30 昭和8年7月31日発行	電3頁	昭和8年7月27日著在新嘉坡田村總領事電報	新嘉坡經濟情報	財經
30 昭和8年7月31日発行	45-46頁	昭和8年6月19日附在新嘉坡田村總領事報告	石炭市況（新嘉坡）『昭和八年五月』	商品
31 昭和8年8月7日発行	14-20頁	昭和8年6月24日附在新嘉坡田村總領事報告	新嘉坡對外貿易状況並一般經濟情勢　（一九三二年）	貿易・財經
33 昭和8年8月21日発行	電2-3頁	昭和8年8月17日著在新嘉坡田村總領事電報	馬來對外及對日貿易額（上半期）並新嘉坡經濟情報	貿易・財經
33 昭和8年8月21日発行	42-43頁	昭和8年6月30日附在新嘉坡田村總領事報告	花莚の寸法及用途（新嘉坡）	商品
35 昭和8年9月4日発行	電1-2頁	昭和8年8月28日著在新嘉坡田村總領事電報	新嘉坡經濟情報	財經
36 昭和8年9月11日発行	電1頁	昭和8年9月6日著在新嘉坡田村總領事電報	綿布輸入税改正（ジョホール州）	關税
37 昭和8年9月18日発行	電2-3頁	昭和8年9月14日著在新嘉坡田村總領事電報	馬來貿易額（七月）並新嘉坡經濟情報	貿易・財經
37 昭和8年9月18日発行	74-77頁	昭和8年8月1日附在新嘉坡帝國總領事館報告	絹及人絹絲布輸出入統計（英領馬來）	商品

第6第4
昭和8年10−12月

39 昭和8年10月2日発行	電1-2頁	昭和8年9月24日附在新嘉坡田村總領事報告	新嘉坡經濟情報	財經
39 昭和8年10月2日発行	25-26頁	昭和8年7月31日附在新嘉坡田村總領事報告	石炭市況（新嘉坡）『昭和八年六月』	商品
39 昭和8年10月2日発行	68-71頁	昭和8年8月18日附在新嘉坡帝國總領事館報告	英領馬來對外及對日貿易統計（一九二八-三二年）	貿易
40 昭和8年10月9日発行	電5頁	昭和8年10月6日附在新嘉坡田村總領事電報	新嘉坡經濟情報	財經
42 昭和8年10月23日発行	電1-2頁	昭和8年10月18日附在新嘉坡田村總領事電報	新嘉坡經濟情報	財經
42 昭和8年10月23日発行	23-24頁	昭和8年8月19日附在新嘉坡田村總領事報告	石炭市況（新嘉坡）『七月』	商品
44 昭和8年11月6日発行	電1頁	昭和8年10月30日著在新嘉坡田村總領事電報	新嘉坡經濟情報	財經
44 昭和8年11月6日発行	41-42頁	昭和8年9月16日附在新嘉坡田村總領事報告	魚丸生産消費状況（馬來地方）	商品
45 昭和8年11月13日発行	電3頁	昭和8年11月9日著在新嘉坡田村總領事電報	新嘉坡經濟情報	財經
46 昭和8年11月20日発行	20-22頁	昭和8年9月18日附在新嘉坡田村總領事報告	馬來聯邦州税關倉庫貨物保管料改正	外法
48 昭和8年12月4日発行	電2頁	昭和8年11月26日著在新嘉坡田村總領事電報	新嘉坡經濟情報	財經
48 昭和8年12月4日発行	電2-3頁	昭和8年11月26日著在新嘉坡田村總領事電報	錫、護謨市況並地租引下及減産問題会議（英領馬來）	貿易
48 昭和8年12月4日発行	3-4頁	昭和8年10月20日附在新嘉坡田村總領事報告	曹達灰及苛性曹達需給状況（馬來）	商品
49 昭和8年12月11日発行	11-12頁	昭和8年10月24日附在新嘉坡田村總領事報告	英領北ボルネオ關税率改正	關税
49 昭和8年12月11日発行	46-47頁	昭和8年11月1日附在新嘉坡田村總領事報告	石炭市況（新嘉坡）『九月』	商品
50 昭和8年12月18日発行	21-28頁	昭和8年10月11日附在新嘉坡田村總領事報告	英領馬來護謨産業状況（一九三二年度）	農業
51 昭和8年12月25日発行	18-19頁	昭和8年11月22日附在新嘉坡田村總領事報告	新嘉坡石炭市況（十月）	商品

1934年（昭和9年）
昭和9年第1
昭和9年1−3月

1 昭和9年1月8日発行	電1頁	昭和8年12月23日著在新嘉坡田村總領事電報	馬來對外貿易（一九三三年一月-十月）並經濟情報及本邦當業者への希望	貿易
3 昭和9年1月22日発行	電3頁	昭和9年1月19日著在新嘉坡田村總領事電報	新嘉坡經濟情報	財經
9 昭和9年3月5日発行	25-27頁	昭和8年11月14日附在新嘉坡、田村總領事報告	海峡植殖民地鳳梨産業法案	雑録
9 昭和9年3月5日発行	27-28頁	昭和9年1月19日附在新嘉坡、田村總領事報告	石炭市況（新嘉坡）（一九三三年十一月）	商品

昭和9年第2
昭和9年4−6月

15 昭和9年4月16日発行	電1頁	昭和9年4月7日著在新嘉坡、田村總領事電報	新嘉坡經濟情報	財經
18 昭和9年5月7日発行	電1頁	昭和9年4月30日著在新嘉坡、田村總領事電報	護謨生産制限協定成立と生産割當量	外法
20 昭和9年5月21日発行	電1-2頁	昭和9年5月13日著在新嘉坡、田村總領事電報	護謨輸出割當量決定と馬來護謨市況	外法
21 昭和9年5月28日発行	37-41頁	昭和9年2月20日附在新嘉坡、田村總領事報告	綿、絹絲布及同加工品貿易統計（英領馬來）『一九三三年十二月及全年』	商品

21 昭和9年5月28日発行	42-46頁	昭和9年3月26日及同4月5日附在新嘉坡、田村總領事報告	綿、絹絲布及同加工品貿易統計（英領馬來）『一九三四年一月及二月』	商品
22 昭和9年6月4日発行	電2頁	昭和9年5月28日著在新嘉坡、田村總領事電報	英領馬來自轉車輸入税改正（英領馬來）	關税
23 昭和9年6月11日発行	電1頁	昭和9年6月1日著在新嘉坡、田村總領事電報	海峡殖民地及馬來聯邦並柔佛州護謨制限法公布	外法
23 昭和9年6月11日発行	電1頁	昭和9年6月2日著在新嘉坡、田村總領事電報	海峡殖民地産護謨輸出税賦課	關税
24 昭和9年6月18日発行	電1頁	昭和9年6月11日著在新嘉坡、田村總領事電報	馬來貿易額並新嘉坡經濟情報	貿易・財經
24 昭和9年6月18日発行	電1頁	昭和9年6月11日著在新嘉坡、田村總領事電報	綿布及人絹割當制法案要綱（英領馬來）	外法
24 昭和9年6月18日発行	電2-3頁	昭和9年6月13日著在新嘉坡、田村總領事電報	英領馬來輸入品割當法案通過（英領馬來）	外法
25 昭和9年6月25日発行	電2頁	昭和9年6月18日著在新嘉坡、田村總領事電報	織物輸入割當法公布（新嘉坡）	外法

昭和9年第3
昭和9年7－9月

26 昭和9年7月2日発行	電1頁	昭和9年6月21日著在新嘉坡、田村總領事電報	馬來輸入本邦織物割當實施と政廳通告	外法
26 昭和9年7月2日発行	電1頁	昭和9年6月21日及23日著在新嘉坡、田村總領事電報	馬來輸入外國綿布及人絹織物類輸入制限施行細則公布	外法
26 昭和9年7月2日発行	電2-3頁	昭和9年6月27日著在新嘉坡、田村總領事電報	新嘉坡經濟情報	財經
27 昭和9年7月9日発行	電2頁	昭和9年6月26日著在新嘉坡、田村總領事電報	馬來輸入割當制に關する懇談要領	外法
27 昭和9年7月9日発行	電6頁	昭和9年7月5日著在新嘉坡、田村總領事電報	新嘉坡經濟情報	財經
28 昭和9年7月16日発行	41-42頁	昭和9年5月11日附在新嘉坡、田村總領事報告	英國（含殖民地）市場の綿布及人絹輸入割當制實施問題對外人當業者の觀測（新嘉坡）	外法
28 昭和9年7月16日発行	42頁	昭和9年5月14日附在新嘉坡、田村總領事報告	石炭市況（新嘉坡）『一九三四年一月-三月』	商品
30 昭和9年7月23日発行	電3頁	昭和9年7月14日著在新嘉坡、田村總領事電報	馬來輸出額（六月）並新嘉坡經濟情報	貿易・財經
32 昭和9年8月6日発行	電3頁	昭和9年7月28日著在新嘉坡、田村總領事電報	馬來貿易額（上半期）並新嘉坡經濟情報	貿易・財經
32 昭和9年8月6日発行	電9頁	昭和9年7月31日著在新嘉坡、田村總領事電報	英領馬來通商特別委員會報告書の一部完成	機關
32 昭和9年8月6日発行	21-24頁	昭和9年5月31日附在新嘉坡、田村總領事報告	海峡殖民地の護謨生産輸出制限法	外法
34 昭和9年8月20日発行	電1頁	昭和9年8月12日著在新嘉坡、田村總領事電報	新嘉坡經濟情報	財經
34 昭和9年8月20日発行	電3頁	昭和9年8月11日著在新嘉坡、田村總領事電報	馬來聯邦輸入本邦綿布及人絹布割當	外法
36 昭和9年9月3日発行	電4-5頁	昭和9年8月29日著在新嘉坡、柴田總領事代理電報	馬來及英領ボルネオの新輸入割當法と本邦輸入割當量	外法
37 昭和9年9月10日発行	電1-2頁	昭和9年8月31日著在新嘉坡、柴田總領事代理電報	新嘉坡經濟情報	財經
38 昭和9年9月17日発行	電6-7頁	昭和9年9月14日著在新嘉坡、柴田總領事代理電報	馬來對日貿易額（七月）並新嘉坡經濟情報	貿易・財經
40 昭和9年9月24日発行	33-38頁	昭和9年7月19日附在新嘉坡、田村總領事報告	綿、絹絲布及同加工品貿易統計（英領馬來）『四月及五月』	商品
40 昭和9年9月24日発行	38頁	昭和9年7月3日附在新嘉坡、田村總領事報告	馬來護謨統計（一月-五月）	商品
40 昭和9年9月24日発行	38頁	昭和9年7月31日附在新嘉坡、田村總領事報告	馬來輸入砂糖關税率改正實施	關税
40 昭和9年9月24日発行	39-40頁	昭和9年8月10日附在新嘉坡、田村總領事報告	電球需給状況（馬來）	商品

昭和9年第4
昭和9年10－12月

41 昭和9年10月1日発行	電4頁	昭和9年9月27日著在新嘉坡、柴田總領事代理電報	新嘉坡經濟情報	財經
42 昭和9年10月8日発行	35-37頁	昭和9年8月23日附在新嘉坡、田村總領事報告	海峡殖民地貿易（一九三三年）	貿易
42 昭和9年10月8日発行	37-38頁	昭和9年9月1日著在新嘉坡、柴田總領事代理報告	馬來領の漁業状況	水産
43 昭和9年10月15日発行	電1頁	昭和9年10月8日著在新嘉坡、郡司總領事電報	新嘉坡經濟情報	財經
45 昭和9年10月29日発行	電6頁	昭和9年10月25日著在新嘉坡、郡司總領事電報	馬來貿易額（九月）並經濟情報	貿易・財經
47 昭和9年11月12日発行	35-36頁	昭和9年10月2日附在新嘉坡、柴田總領事代理報告	新嘉坡商議會頭の馬來經濟諸問題演説要旨	雑録
47 昭和9年11月12日発行	36-37頁	昭和9年9月22日附在新嘉坡、柴田總領事代理報告	英領サラワク貿易概況（一九三三年）	貿易
47 昭和9年11月12日発行	37頁	昭和9年9月22日附在新嘉坡、柴田總領事代理報告	英領北ボルネオ貿易概況（一九三三年）	貿易
47 昭和9年11月12日発行	38頁	昭和9年7月13日附在新嘉坡、田村總領事報告	運動用具需給状況並運動競技概況等（新嘉坡）	商品

49 昭和9年11月19日発行	電1頁	昭和9年11月12日著在新嘉坡、郡司總領事電報	新嘉坡經濟情報	財經
50 昭和9年11月26日発行	電2頁	昭和9年11月15日著在新嘉坡、郡司總領事電報	馬來輸入綿及人絹布割當量（一九三五年度）	外法
51 昭和9年12月3日発行	電6-7頁	昭和9年11月28日著在新嘉坡、郡司總領事電報	馬來貿易額（十月）並新嘉坡經濟情報	貿易・財經
51 昭和9年12月3日発行	33-35頁	昭和9年10月18日附在新嘉坡、郡司總領事報告	馬來護謨栽培狀況（一九三三年度）	農業
51 昭和9年12月3日発行	35-36頁	昭和9年10月13日附在新嘉坡、郡司總領事報告	馬來護謨制限改正法公布	外法
51 昭和9年12月3日発行	36頁	昭和9年10月24日附在新嘉坡、郡司總領事報告	サラワク國漁業保存令公布	貿易
53 昭和9年12月17日発行	電1-2頁	昭和9年12月6日著在新嘉坡、郡司總領事電報	海峽殖民地輸入亜鉛板其他金物類割當制説	外法
53 昭和9年12月17日発行	電2頁	昭和9年12月7日著在新嘉坡、郡司總領事電報	馬來輸入綿製カンバス及ヅック割當法適用	外法
53 昭和9年12月17日発行	電2頁	昭和9年12月10日著在新嘉坡、郡司總領事電報	新嘉坡經濟情報	財經
54 昭和9年12月24日発行	電2頁	昭和9年12月15日著在新嘉坡、郡司總領事電報	馬來輸入綿製カンバス及ヅック割當量	外法

1935年（昭和10年）
昭和10年上半期

2 昭和10年1月25日発行	37-38頁	昭和9年11月5日附在新嘉坡帝國總領事郡司喜一報告	馬來領の米作概況（一九三三年度）	農業
2 昭和10年1月25日発行	38頁	昭和9年10月13日附在新嘉坡帝國總領事郡司喜一報告	綿貨及人絹品輸入統計（英領馬來）『一九三四年一月-八月』	商品
4 昭和10年2月25日発行	43-52頁	昭和9年12月11日附在新嘉坡帝國總領事郡司喜一報告	綿、絹絲布及同加工品貿易統計（英領馬來）『一九三四年六月-八月』	商品
7 昭和10年4月10日発行	33-35頁	昭和10年2月21日附在新嘉坡帝國總領事郡司喜一報告	馬來外國貿易概況（一九三四年）	貿易
7 昭和10年4月10日発行	36-38頁	昭和10年2月25日附在新嘉坡帝國總領事郡司喜一報告	綿布及人絹織物輸入概況（馬來）『一九三四年』	商品
12 昭和10年6月25日発行	55頁	昭和10年3月8日附在新嘉坡帝國總領事郡司喜一報告	馬來諸港出入船舶統計（一九三四年）	交通
12 昭和10年6月25日発行	56-57頁	昭和10年5月7日附在新嘉坡帝國總領事郡司喜一報告	野菜類需給概況（新嘉坡）	商品
12 昭和10年6月25日発行	57-58頁	昭和10年4月13日附在新嘉坡帝國總領事郡司喜一報告	鑛産物生産並貿易統計（馬來）『一九三四年』	商品

昭和10年下半期

14 昭和10年7月25日発行	27-28頁	昭和10年6月13日附在新嘉坡帝國總領事郡司喜一報告	馬來對日貿易狀況（一九三五年一月-四月）	貿易
16 昭和10年8月25日発行	13-16頁	昭和10年6月27日附在新嘉坡帝國總領事郡司喜一報告	馬來鳳梨事業概況	工業
18 昭和10年9月25日発行	43-49頁	昭和10年8月6日附在新嘉坡帝國總領事郡司喜一報告	馬來貿易年報（一九三四年）	貿易
18 昭和10年9月25日発行	49-50頁	昭和10年8月9日附在新嘉坡帝國總領事郡司喜一報告	英領北ボルネオ經濟概況（一九三四年）	經濟
21 昭和10年11月10日発行	45-48頁	昭和10年9月3日附在新嘉坡帝國總領事郡司喜一報告	新嘉坡の輸入品取引事情	貿易
21 昭和10年11月10日発行	48-49頁	昭和10年9月18日附在新嘉坡帝國總領事郡司喜一報告	海峽殖民地輸出入登録規則	外法
21 昭和10年11月10日発行	49-52頁	昭和10年9月25日附在新嘉坡帝國總領事郡司喜一報告	煙草生産及需給狀況（馬來）	商品
23 昭和10年12月10日発行	37-38頁	昭和10年10月11日附在新嘉坡帝國總領事郡司喜一報告	馬來經濟情勢（一九三五年上半期）	經濟

1936年（昭和11年）
昭和11年上半期
昭和11年1－6月
（1－12號）

7 昭和11年4月10日発行	37-39頁	昭和11年2月14日附在新嘉坡帝國總領事郡司喜一報告	馬來對日貿易年報（一九二五年）	貿易
7 昭和11年4月10日発行	39-42頁	昭和11年2月10日附在新嘉坡帝國總領事郡司喜一報告	馬來對外貿易年報（一九三五年）	貿易
7 昭和11年4月10日発行	42-45頁	昭和11年2月15日附在新嘉坡帝國總領事郡司喜一報告	綿布及人絹織物輸入狀況（馬來）『一九三五年』	商品
7 昭和11年4月10日発行	45-46頁	昭和11年2月14日附在新嘉坡帝國總領事郡司喜一報告	錫統計（馬來）『一九三五年』	商品
7 昭和11年4月10日発行	46-47頁	昭和11年1月24日附在新嘉坡帝國總領事郡司喜一報告	石炭統計（新嘉坡）『一九三五年下半期』	商品
7 昭和11年4月10日発行	47-48頁	昭和11年2月14日附在新嘉坡帝國總領事郡司喜一報告	護謨統計（馬來）『一九三五年』	商品
9 昭和11年5月10日発行	29-32頁	昭和11年3月23日附在新嘉坡帝國總領事郡司喜一報告	馬來聯邦州品別貿易年報（一九三五年）	貿易
9 昭和11年5月10日発行	32頁	昭和11年3月10日附在新嘉坡帝國總領事郡司喜一報告	馬來鑛産統計（一九三五年）	鑛業
11 昭和11年6月10日発行	39-44頁	昭和11年4月8日附在新嘉坡帝國總領事郡司喜一報告	絹及人絹織物貿易狀況（馬來）	商品

昭和11年下半期
昭和11年7－12月

（１３－２４號）

14 昭和11年7月25日発行	25-31頁	昭和11年6月6日附在新嘉坡帝國總領事郡司喜一報告	サラワク王國貿易統計（一九三五年）	貿易
14 昭和11年7月25日発行	31-34頁	昭和11年5月12日附在新嘉坡帝國總領事郡司喜一報告	農産物貿易状況（英領馬來）『一九三五年』	商品
14 昭和11年7月25日発行	35-38頁	昭和11年6月4日附在新嘉坡帝國總領事郡司喜一報告	英領馬來米穀事情（一九三五年）	商品
15 昭和11年8月10日発行	29-30頁	昭和11年6月24日附在新嘉坡帝國總領事郡司喜一報告	海峡殖民地の電球及同器具取締法案竝輸入額	外法
15 昭和11年8月10日発行	30-32頁	昭和11年6月13日附在新嘉坡帝國總領事郡司喜一報告	絹及人絹織物輸入状況竝割當制當制問題（馬來）	商品
21 昭和11年11月10日発行	15-22頁	昭和11年5月29日附在新嘉坡帝國總領事郡司喜一報告	馬來栽培聯合會年次報告概要（一九三五年）	財經
22 昭和11年11月25日発行	59-61頁	昭和11年10月6日附在新嘉坡帝國總領事郡司喜一報告	英領馬來貿易状況（一九三六年八月）	貿易
22 昭和11年11月25日発行	61-64頁	昭和11年10月14日附在新嘉坡帝國總領事郡司喜一報告	新嘉坡及彼南商業會議所會頭の上半期總會演説	財經
22 昭和11年11月25日発行	64-74頁	昭和11年9月29日附在新嘉坡帝國總領事郡司喜一報告	ミルク取引状況（英領馬來）	商品
23 昭和11年12月10日発行	51-55頁	昭和11年10月　日附在新嘉坡帝國總領事郡司喜一報告	ブルネイ王國産業及貿易状況（一九三五年）	貿易
23 昭和11年12月10日発行	56頁	昭和11年10月20日附在新嘉坡帝國總領事郡司喜一報告	サラワク王國對外貿易統計（一九三六年第二四半期）	貿易

1937年（昭和12年）
昭和12年上半期
昭和12年１－６月
（１－１２號）

1 昭和12年1月10日発行	31-32頁	昭和11年11月16日附在新嘉坡帝國總領事郡司喜一報告	英領馬來貿易状況（一九三六年九月）	貿易
2 昭和12年1月25日発行	37-38頁	昭和11年11月12日附在新嘉坡帝國總領事郡司喜一報告	サラワク王國外國貿易年報（一九三五年）	貿易
2 昭和12年1月25日発行	38-39頁	昭和11年12月10日附在新嘉坡帝國總領事郡司喜一報告	サラワク王國對外貿易統計（一九三六年七月－九月）	貿易
2 昭和12年1月25日発行	39-42頁	昭和11年12月14日附在新嘉坡帝國總領事郡司喜一報告	英領馬來貿易状況（一九三六年十月）	貿易
6 昭和12年3月25日発行	49-58頁	昭和12年1月13日及同2月10日附在新嘉坡帝國總領事郡司喜一報告	英領馬來貿易状況（一九三六年十一月及十二月）	貿易
7 昭和12年4月10日発行	25-99頁	昭和11年12月1日附在新嘉坡帝國總領事郡司喜一報告	英領馬來外國貿易年報（一九三五年）	貿易
9 昭和12年5月10日発行	67-69頁	昭和12年3月22日附在新嘉坡帝國總領事郡司喜一報告	サラワク王國外國貿易統計（一九三六年第四四半期）	貿易
9 昭和12年5月10日発行	69-73頁	昭和12年1月30日附在新嘉坡帝國總領事郡司喜一報告	新國際錫協定案	財經
9 昭和12年5月10日発行	73-76頁	昭和12年2月27日附在新嘉坡帝國總領事郡司喜一報告	米穀事情（英領馬來）『一九三六年』	商品
10 昭和12年5月25日発行	63-88頁	昭和12年3月15日附在新嘉坡帝國總領事郡司喜一報告	英領馬來貿易年報（一九三六年）	貿易
10 昭和12年5月25日発行	88-90頁	昭和12年3月25日附在新嘉坡帝國總領事郡司喜一報告	新嘉坡商業會議所總會と同會頭の演説要旨	財經
12 昭和12年6月25日発行	31-36頁	昭和12年4月17日及5月10日、11日附在新嘉坡帝國總領事郡司喜一報告	英領馬來外國貿易状況（一九三七年一月－三月）	貿易

昭和12年下半期
昭和12年７－12月
（１３－２４號）

15 昭和12年8月10日発行	35-36頁	昭和12年6月25日附在新嘉坡帝國總領事郡司喜一報告	英領馬來外國貿易状況（一九三七年四月）	貿易
15 昭和12年8月10日発行	36-39頁	昭和12年6月29日附在新嘉坡帝國總領事郡司喜一報告	英領馬來茶栽培竝需給及國際生産制限參加	財經
15 昭和12年8月10日発行	40-42頁	昭和12年6月19日附在新嘉坡帝國總領事郡司喜一報告	農産物貿易年報（英領馬來）『一九三六年』	商品
16 昭和12年8月25日発行	33-38頁	昭和12年6月22日附在新嘉坡帝國總領事郡司喜一報告	サラワク王國貿易統計（一九三六年）	貿易
16 昭和12年8月25日発行	38-40頁	昭和12年6月25日附在新嘉坡帝國總領事郡司喜一報告	馬來オイル・パーム事業状況（一九三六年）	農業
20 昭和12年10月25日発行	27-32頁	昭和12年7月22日及8月10日、同9月6日附在新嘉坡帝國總領事郡司喜一報告	英領馬來外國貿易状況（一九三七年五月,六月及七月）	貿易
21 昭和12年11月10日発行	55-57頁	昭和12年9月18日附在新嘉坡帝國總領事郡司喜一報告	サラワク王國外國貿易状況（一九三七年第二四半期）	貿易
21 昭和12年11月10日発行	57-62頁	昭和12年10月2日附在新嘉坡帝國總領事郡司喜一報告	英領北ボルネオ貿易年報（一九三六年）	貿易
21 昭和12年11月10日発行	63-66頁	昭和12年9月17日附在新嘉坡帝國總領事郡司喜一報告	サラワク王國經濟事情（一九三六年）	財經
21 昭和12年11月10日発行	66-72頁	昭和12年9月17日附在新嘉坡帝國總領事郡司喜一報告	英領北ボルネオ經濟事情（一九三六年）	財經
22 昭和12年11月25日発行	21-23頁	昭和12年10月6日附在新嘉坡帝國總領事郡司喜一報告	英領馬來外國貿易状況（一九三七年八月）	貿易
22 昭和12年11月25日発行	23-26頁	昭和12年10月5日附在新嘉坡帝國總領事郡司喜一報告	新嘉坡商業會議所總會と會頭の演説要旨	財經

1938年（昭和13年）
昭和13年上半期
昭和13年1－6月
（1－12号）

1 昭和13年1月10日発行	11-13頁	昭和12年11月9日附在新嘉坡帝國總領事郡司喜一報告	英領馬來貿易状況（一九三七年九月）	貿易
1 昭和13年1月10日発行	14-18頁	昭和12年11月6日附在新嘉坡帝國總領事郡司喜一報告	本邦製陶磁器及タイル取引状況と改善研究（英領馬來）	商品
6 昭和13年3月25日発行	19-24頁	昭和13年1月31日及同2月10日附在新嘉坡帝國總領事岡本一策報告	英領馬來貿易状況（一九三七年十月及十一月）	貿易
11 昭和13年6月10日発行	28-30頁	昭和13年4月25日附在新嘉坡帝國總領事岡本一策報告	英領馬來外國貿易概況（一九三八年一月）	貿易
11 昭和13年6月10日発行	31頁	昭和13年4月30日附在新嘉坡帝國總領事岡本一策報告	錫プール及錫生産制限に關する批評	機關

昭和13年下半期
昭和13年7－12月
（13－24号）

13 昭和13年7月10日発行	75-77頁	昭和13年5月25日附在新嘉坡帝國總領事岡本一策報告	英領馬來外國貿易概況（一九三八年二月）	貿易
15 昭和13年8月10日発行	52-55頁	昭和13年6月20日附在新嘉坡帝國總領事岡本一策報告	英領馬來外國貿易概況（一九三八年三月）	貿易
15 昭和13年8月10日発行	55-57頁	昭和13年6月20日附在新嘉坡帝國總領事岡本一策報告	英領馬來外國貿易概況（一九三八年四月）	貿易
17 昭和13年9月10日発行	84-86頁	昭和13年8月8日附在新嘉坡帝國總領事岡本一策報告	英領馬來外國貿易概況（一九三八年五月）	貿易
18 昭和13年9月25日発行	44-46頁	昭和13年8月18日附在新嘉坡帝國總領事岡本一策報告	英領馬來外國貿易概況（一九三八年六月）	貿易

1939年（昭和14年）
昭和14年上半期
昭和14年1－6月
（1－12号）

4 昭和14年2月25日発行	52-53頁	昭和13年12月24日附在新嘉坡帝國總領事岡本一策報告	シンガポール石炭統計表（一九三八年十一月）	商品

昭和14年下半期
昭和14年7－12月
（13－24号）

英領馬來

14 昭和14年7月25日発行	41頁	昭和14年5月13日附在新嘉坡帝國總領事岡本一策報告	英領馬來護謨及錫輸出入數統計（一九三九年四月）	貿易
15 昭和14年8月10日発行	34-35頁	昭和14年6月19日附在新嘉坡帝國總領事岡本一策報告	英領馬來護謨、錫輸出入數統計（一九三九年五月）	貿易
16 昭和14年8月25日発行	46-47頁	昭和14年7月13日附在新嘉坡帝國總領事岡本一策報告	英領馬來護謨、錫及錫鑛輸出入數統計（一九三九年六月）	貿易
18 昭和14年9月25日発行	43-45頁	昭和14年8月26日附在新嘉坡帝國總領事岡本一策報告	英領馬來護謨、錫及錫鑛輸出入數量（一九三九年七月）	貿易
20 昭和14年10月25日発行	102-4頁	昭和14年9月15日附在新嘉坡帝國總領事豊田薫報告	英領馬來護謨、錫輸出入數統計（一九三九年八月）	貿易
22 昭和14年11月25日発行	36-38頁	昭和14年10月17日附在新嘉坡帝國總領事豊田薫報告	英領馬來護謨及錫・錫鑛輸出入數統計（一九三九年九月）	貿易
24 昭和14年12月25日発行	53-55頁	昭和14年11月18日附在新嘉坡帝國總領事豊田薫報告	英領馬來護謨・錫及錫鑛輸出入數統計（一九三九年十月）	貿易

新嘉坡

15 昭和14年8月10日発行	35-37頁	昭和14年6月19日附在新嘉坡帝國總領事岡本一策報告	新嘉坡護謨市況（一九三九年五月下半及六月上半）	商品
17 昭和14年9月10日発行	63-64頁	昭和14年7月26日附在新嘉坡帝國總領事岡本一策報告	新嘉坡護謨市況（一九三九年七月上半）	商品
18 昭和14年9月25日発行	46-47頁	昭和14年8月12日附在新嘉坡帝國總領事岡本一策報告	新嘉坡護謨市況（一九三九年七月下半）	商品
18 昭和14年9月25日発行	48頁	昭和14年8月26日附在新嘉坡帝國總領事岡本一策報告	新嘉坡護謨市況（一九三九年八月上半）	商品
21 昭和14年11月10日発行	46-47頁	昭和14年9月26日附在新嘉坡帝國總領事豊田薫報告	新嘉坡護謨市況（一九三九年八月下半）	商品
21 昭和14年11月10日発行	48-49頁	昭和14年9月26日附在新嘉坡帝國總領事豊田薫報告	新嘉坡護謨市況（一九三九年九月上半）	商品
22 昭和14年11月25日発行	39-40頁	昭和14年10月9日附在新嘉坡帝國總領事豊田薫報告	新嘉坡護謨市況（一九三九年九月下半）	商品
23 昭和14年12月10日発行	31頁	昭和14年10月21日附在新嘉坡帝國總領事豊田薫報告	新嘉坡護謨市況（一九三九年十月上半）	商品
24 昭和14年12月25日発行	56頁	昭和14年11月9日附在新嘉坡帝國總領事豊田薫報告	新嘉坡護謨市況（一九三九年十月下半）	商品

1940年（昭和15年）
昭和15年上半期
昭和15年1－6月
（1－12號）

新嘉坡

1	昭和15年1月10日発行	63-64頁	昭和14年11月25日附在新嘉坡帝國總領事豊田薫報告	新嘉坡護謨市況（一九三九年十一月上半）	商品
3	昭和15年2月10日発行	11頁	昭和14年12月16日附在新嘉坡帝國總領事豊田薫報告	新嘉坡護謨市況（一九三九年十一月下半）	商品
6	昭和15年3月25日発行	51-52頁	昭和15年1月31日附在新嘉坡帝國總領事豊田薫報告	新嘉坡護謨市況（一九四〇年一月上半）	商品
7	昭和15年4月10日発行	62-64頁	昭和15年2月13日附在新嘉坡帝國總領事豊田薫報告	新嘉坡護謨市況（一九四〇年一月下半）	商品
8	昭和15年4月25日発行	65-67頁	昭和15年3月1日附在新嘉坡帝國總領事豊田薫報告	新嘉坡護謨市況（一九四〇年二月上半）	商品
9	昭和15年5月10日発行	67-68頁	昭和15年3月13日附在新嘉坡帝國總領事豊田薫報告	新嘉坡護謨市況（一九四〇年二月下半）	商品

1.「領事報告」地名索引

数字は発行年月日（18890416は、1889年4月16日）

あ行

印度 （インド）	18890416	18890528	18931130	19231108	19240331	19240404	19240407	19240410
	19240529	19250215	19250223	19250228	19250304	19250311	19250807	19250818
	19250904	19250909	19250915	19251119	19251208	19251223		

印度地方	18920407

印度向	19230212

ウガンダ	19251107

浦潮徳斯 （ウラジオストク）	19211114

英豪間	19250420

英国	19230212	19250602	19260517	19340716

英国側	19250608

英国殖民地	19161030

英国属領地	19161030

英国保護馬来諸国	18961228

英帝国	19221026	19221124	19230115

英米協調	19230312

英本国	19281112

英蘭	19310427

英領	19221102

英領印度 （インド）	18900107	18900109	18900111	18900114	18900115	18951216

英領海峡植民地	18911127	18911128	18911130	18920817	18930721	18930805	18950902	18951216
	18971215							

英領海峡殖民地	18950126	18980508	18980518	19010825	19011010	19011110	19020110	19021125
	19030219	19030423	19040513	19041209	19050928	19051118	19080418	19080803
	19110125	19141012	19141109	19150125	19150426			

英領海峡植民地三港	18930721	18930805

英領北ボルネオ	18960515	19151021	19160427	19160501	19160504	19160508	19160921	19240228
	19240320	19250913	19331211	19341112	19350925	19371110		

英領北ボルネオ州	19160713	19211201

英領北ボルネオ島	18960515

英領サラワク	19341112

英領新嘉坡	19091005

英領ボルネオ	19050813	19081108	19171112	19340903

英領馬来 （マライ→マレー）	19221016	19221116	19221221	19230416	19230423	19230521	19230531	19230813
	19230816	19231018	19231025	19231101	19231108	19231112	19231122	19231217
	19240107	19240114	19240121	19240128	19240204	19240221	19240221	19240225
	19240228	19240306	19240324	19240404	19240424	19240512	19240515	19240609
	19240619	19240623	19240707	19240811	19240901	19240904	10240911	19240915
	19240918	19240922	19241016	19241103	19241106	19241110	19241120	19241124
	19241201	19241204	19241211	19241222	19241225	19250110	19250204	19250327
	19250328	19250402	19250410	19250412	19250529	19250530	19250601	19250602
	19250607	19250608	19250609	19250611	19250614	19250621	19250707	19250810
	19250813	19250912	19251001	19251009	19251019	19251023	19251107	19251224
	19260302	19260427	19260505	19260525	19260608	19260725	19260726	19260801
	19260805	19261024	19261104	19261107	19261111	19261119	19261216	19270112
	19270124	19270130	19270212	19270326	19270327	19270329	19270410	19270412
	19270423	19270501	19270506	19270514	19270524	19270602	19270607	19270610
	19270620	19270704	19270705	19270716	19270719	19270808	19270814	19270816
	19270817	19270908	19270912	19270925	19271020	19271021	19271023	19271025
	19271030	19271107	19271113	19271118	19271127	19271206	19271217	19280125
	19280129	19280210	19280213	19280217	19280219	19280220	19280317	19280323
	19280324	19280326	19280331	19280423	19280514	19280528	19280625	19280702
	19280730	19280806	19280813	19280820	19280910	19281001	19281015	19281105
	19281112	19281210	19281217	19290114	19290128	19330501	19330501	19330703
	19330918	19331002	19331204	19331218	19340528	19340604	19340618	19340806
	19340924	19350125	19350225	19360725	19361125	19370110	19370125	19370325

	19370410	19370510	19370525	19370623	19370625	19370810	19371025	19371125
	19380110	19380325	19380610	19380710	19380810	19380910	19380925	19390725
	19390810	19390825	19390925	19391025	19391125	19391225		

英領馬来連邦 19191225

英領マレイ

19290225	19290318	19290415	19290506	19260513	19290520	19290527	19290610
19290722	19290729	19291209	19291223	19300106	19300120	19300127	19300203
19300210	19300407	19300414	19300428	19300505	19300811	19300929	19301027
19301110	19301117	19301201	19301208	19301215	19310406	19310413	19310420
19310511	19310629	19310824	19310928	19311026	19311124	19311130	19311228
19320208	19320328	19320404	19320523	19320829	19320926	19321024	19321031
19321107	19321121	19321128	19321205	19321226	19330109	19330116	19330130
19330206	19330306	19330313	19330327	19330403	19330410	19330424	19330501
19330508							

英領マレイ向 19310406 19310413

英領マレイ連邦 19311116

か行
海峡植民地

18970805	18981008	18981208	19210901	19210908	19211205	19211208	19231022
19251008	19320307						

海峡殖民地

18950219	18950316	18961228	18970605	18970715	18971025	18980228	18980308
18980508	18980608	18991128	18981208	18990228	18990928	18991108	19000610
19030205	19030713	19030808	19040423	19060323	19060613	19061128	19070128
19080313	19080603	19080818	19080923	19090108	19090820	19111010	19111101
19120115	19120225	19130225	19130320	19141026	19141203	19150111	19150304
19150311	19150329	19150408	19150705	19150913	19151024	19151122	19160309
19160518	19160626	19160717	19170514	19170625	19170806	19170816	19170820
19171011	19180117	19180325	19180415	19180523	19181014	19190616	19190901
19190911	19190915	19191120	19220202	19220320	19221011	19221016	19221026
19221204	19230205	19230531	19230614	19230816	19230927	19231108	19240619
19250813	19251115	19260302	19260429	19280507	19280730	19290805	19290826
19300901	19310112	19310629	19311005	19311124	19311228	19320606	19320725
19340305	19340611	19340806	19341008	19341217	19351110	19360810	

海峡殖民地各港 19320725

海峡殖民地方行 19250813

海峡殖民地方面 19211212

カルカッタ 19231101

甲谷陀　（カルカッタ） 19231129 19240410 19250728

北ボルネオ 19140917 19230201

クオラ・ランポール市（クアラルンプール） 19240204

クリスマス島 19131020

クワラランポル地方 19050108

ケダ 19090416

ケペ両州 19230927

ケランタン州 19240327 19291118

豪州 19211117 19230125

交趾支那（コーチシナ） 18991028

ココー諸島 18930216

コロンボ 19321226

古倫母　（コロンボ） 19250911

さ行
柴棍　（サイゴン） 19090520 19100210

西貢　（サイゴン）沖合 19230319

西貢　（サイゴン）港 18960302

サバン港 18960615

サラワク 19211121 19241208

サラワク王国	19220130	19270326	19360725	19361210	19370125	19370510	19370825	19371110
サラワク国	18990418	19130616	19341203				
サンダカン	19160622	19160626					
サンダカン港	19160622						
静岡県	19130602						
支那　（シナ）	18890416	19321128					
暹羅　（シャム）	18890427	19210804	19231224	19240218			
暹羅国　（シャム）	18931005	18940929	18951101	18961102	19010410		
爪哇　（ジャワ）	19010210	19010425	19230125	19240131	19240807	19240825	19250826	19251021
	19251121	19260312	19260319				
爪哇島　（ジャワ）	18971215	19010710					
上海	19330206						
ジョホール	19090805	19150204	19160724				
ジョホール王国	19160727						
柔佛　（ジョホール）王国	19240310						
ジョホール州	19180415	19180805	19190922	19190925	19311124	19320321	19320613	19321121
	19330703	19330911					
桑佛（ジョホール）州	19240929	19340611					
新嘉坡　（シンガポール）	18971015	18890225	18890314	18890325	18890406	18890416	18890427	18890520
	18890528	18890623	18890814	18890930	18891218	18900205	18900411	18900506
	18900526	18900603	18900811	18900815	18901218	18910213	18910219	18910325
	18910430	18910514	18910625	18910821	18920113	18920114	18920116	18920310
	18921019	18921020	18941027	18950601	18960601	18960615	18960815	18970104
	18970715	18971005	18971015	18971105	18971215	18971225	18980115	18980228
	18980308	18980318	18980328	18980618	18980908	18981028	18981108	18981228
	18990228	18990418	18990728	18990908	19000218	19000308	19000425	19000510
	19000218	19000308	19000425	19000510	19001125	19001125	19001210	19010325
	19010410	19010610	19010710	19010825	19011025	19011110	19020125	19020510
	19020904	19020918	19021002	19030903	19031023	19031028	19040323	19040408
	19040423	19040608	19040708	19040713	19040813	19040828	19041005	19041024
	19041101	19041105	19041213	19050108	19050213	19050228	19050313	19050423
	19050513	19050603	19050708	19050803	19050823	19050908	19050918	19051018
	19051203	19060113	19060208	19060313	19060318	19060403	19060408	19060528
	19060603	19060708	19060728	19060823	19061008	19061023	19061103	19061108
	19061113	19061128	19070118	19070123	19070203	19070218	19070228	19070323
	19070418	19070528	19070613	19070723	19070808	19071013	19071123	19071218
	19080128	19080208	19080218	19080313	19080428	19080523	19080723	19080803
	19080808	19080918	19080928	19081023	19081028	19081103	19081118	19081208
	19090413	19090505	19090605	19090625	19090710	19090805	19091005	19091025
	19091205	19091210	19091220	19100110	19100210	19100225	19100305	19100320
	19100405	19100410	19100501	19100505	19100520	19100710	19100805	19100820
	19100825	19100920	19101005	19101110	19101125	19101210	19101220	19110205
	19110210	19110301	19110325	19110405	19110505	19110515	19110525	19110725
	19110825	19110915	19110925	19111001	19111005	19111215	19120215	19120310
	19120410	19120501	19120510	19120610	19120720	19120725	19121015	19130115
	19130505	19130515	19130602	19130605	19130616	19130728	19130828	19131006
	19131027	19131222	19131225	19140323	19140416	19140504	19140528	19140604
	19140727	19140813	19140820	19140824	19140901	19140907	19141001	19141029
	19150111	19150118	19150121	19150128	19150218	19150222	19150301	19150405
	19150429	19150503	19150527	19150621	19150628	19150708	19150715	19150719
	19150802	19150812	19150823	19150830	19150902	19150906	19150927	19151011
	19151021	19151028	19151115	19151125	19151206	19151216	19160110	19160117
	19160124	19160127	19160217	19160221	19160224	19160306	19160313	19160316
	19160323	19160406	19160420	19160424	19160427	19160501	19160511	19160525
	19160529	19160601	19160626	19160629	19160703	19160706	19160713	19160720
	19160803	19160807	19160821	19160828	19160911	19160914	19160921	19161106
	19161116	19170212	19170315	19170402	19170409	19170423	19170426
	19170503	19170521	19170705	19170906	19170913	19170920	19171001	19171015
	19171022	19171101	19180124	19180128	19180221	19180328	19180722	19180808
	19180909	19181209	19181219	19181226	19190327	19190421	19190519	19210919
	19211117	19211121	19211201	19211208	19211222	19220109	19220206	19220213
	19220220	19220306	19220313	19220327	19220330	19220404	19220420	19220501
	19220504	19220508	19220511	19220601	19220626	19220727	19220810	19220817
	19220821	19220901	19220918	19220921	19221016	19221102	19221130	19221211
	19221225	19230104	19230118	19230122	19230125	19230205	19230208	19230301
	19230305	19230326	19230405	19230409	19230419	19230423	19230426	19230503
	19230507	19230514	19230517	19230521	19230524	19230528	19230531	19230625
	19230719	19230726	19230731	19230809	19230820	19230827	19231018	19231025
	19231029	19231105	19231108	19231126	19231129	19231213	19231224	19240110
	19240114	19240117	19240121	19240124	19240128	19240131	19240212	19240218

19240221	19240225	19240317	19240331	19240404	19240421	19240512	19240515
19240602	19240612	19240623	19240821	19240908	19240915	19240918	19240922
19241023	19241030	19241106	19241208	19241222	19241225	19250109	19250110
19250112	19250120	19250123	19250203	19250213	19250214	19250218	19250224
19250302	19250304	19250311	19250326	19250327	19250420	19250501	19250502
19250510	19250515	19250527	19250528	19250529	19250602	19250604	19250613
19250617	19250628	19250630	19250706	19250716	19250723	19250725	19250801
19250807	19250815	19250822	19250825	19250826	19250910	19250914	19251021
19251022	19251106	19251117	19251203	19260125	19260307	19260406	19260506
19260517	19260528	19260702	19260703	19260710	19260715	19260824	19261006
19261008	19261103	19261105	19261116	19261119	19261217	19261227	19270110
19270203	19270218	19270219	19270323	19270409	19270413	19270417	19270426
19270514	19270516	19270617	19270702	19270719	19270804	19270810	19270824
19270908	19270919	19271008	19271020	19271022	19271107	19271117	19271206
19271207	19271210	19271212	19280106	19280116	19280118	19280209	19280228
19280305	19280310	19280314	19280317	19280322	19280330	19280423	19280430
19280514	19280521	19280604	19280618	19280709	19280723	19280730	19290107
19290204	19330612	19330619	19330703	19330710	19330724	19330731	19330807
19330821	19330904	19330918	19331002	19331009	19331023	19331106	19331113
19331204	19331211	19331225	19340122	19340212	19340305	19340416	19340625
19340702	19340709	19340716	19340723	19340806	19340820	19340910	19340917
19341001	19341015	19341112	19341119	19341203	19341217	19350625	19351110
19360410	19361125	19370525	19371125	19390810	19390910	19390925	19391110
19391125	19391210	19391225	19400110	19400210	19400325	19400410	19400425
19400510							

シンガポール							
19290212	19290408	19290415	19290430	19290513	19290520	19290527	19290909
19291118	19291125	19291223	19300224	19300310	19300317	19300421	19300428
19300526	19300818	19300901	19301006	19301110	19301215	19310112	19310413
19310622	19310713	19310720	19310727	19310914	19311005	19311012	19311109
19311116	19311214	19311221	19311228	19320201	19320229	19320307	19320321
19320328	19320502	19320530	19320627	19320704	19320711	19320801	19320905
19320912	19320919	19320926	19321003	19321010	19321017	19321024	19321031
19321107	19321114	19321121	19321205	19321212	19321219	19321226	19330109
19330116	19330123	19330206	19330220	19330227	19330306	19330313	19330327
19330410	19330417	19330424	19330522	19330529	19390225		

新嘉坡　（シンガポール）港							
18960104	18960915	18970726	18970906	18970915	18971115	18980228	18980508
18980518	18980728	18980908	18980928	18981008	19040708	19211128	19220404
19221228	19250607	19280702	19290121				

シンガポール港		
19291209	19300519	19310202

新嘉坡港湾
19250607

新嘉坡　（シンガポール）諸港
19031223

新嘉坡地方		
19020410	19180909	19220327

シンガポール地方			
19321024	19321121	19321226	19330417

新嘉坡方面
19050723

新嘉坡　（シンガポール）要塞
19250723

清国
19030713

スウェツテンハム港
19100625

スマトラ			
18930218	18960615	18970104	19010925

スマトラ島		
18891011	18920618	18921024

汕頭（スワトウ）港
18991008

錫蘭　（セイロン）							
19240207	19240512	19240811	19241106	19250204	19250227	19250601	19270506
19270808	19280206	19280806					

錫蘭島　（セイロン）		
18890416	18890715	19000424

セランゴール州	
19090505	19100625

セレバン市
19221019

ソヴィエト連邦
19310323

た行

対印　（インド）	
19240508	19250602

対英本国向
19281112

対英領馬来
19281210

対英領マレイ
19301208

対支那	19321128	19330327					
対日	19221016	19231025	19241016	19250327	19320627	19320801	19330821	19331002
	19340917	19350725	19360410					19340917
対ホンコン	19321128	19330327					
対本邦	19250602	19290128	19290225	19290318	19291209	19300414	19300811	19300929
	19301027	19301110	19310420	19320328	19320404	19320523	19320530	19320704
	19320829	19320926						
対マレイ	19300203	19300210	19300414				
タワヲ　（タワウ）	19160713						
デーリー地方	18891011						
東洋	19110301						
東洋各港	19120725						
トレンガヌ州	19240327						

な行

南阿　（南アフリカ）	19020918						
南洋	19140427	19140430	19140504	19140507	19140511	19140521	19140528	19140608
	19140618	19140625	19150121	19211027	19221019	19230122	19230212	19240114
南洋諸島	18921026						
日印	19240407						
日暹	19231115						
日爪	19260326						
日本	18890416	18980618	18981108	18981128	18981208	19080923	19251023	19281210
	19300127	19301208						

は行

バタヴィア	19300428		
パダン	19251223		
パハン州	19090413		
バルカン	19240918		
阪神	19180523		
東印度諸島	19041005		
緬甸　（ビルマ）	18890427	19240407	
緬甸国　（ビルマ）	18990418	18990428	
仏領印度	18951216		
仏領印度支那　（インドシナ）	18951101	19250503	19260309
仏領印度支那殖民地　（インドシナ）	18960201		
仏領印度地方	18980608		
仏領東京　（トンキン）	18890427		
ブルネイ	19270829		
ブルネイ王国	19361210		
ブルネイ国	19160807	19270829	19400110
プロ、ウェー島	18960615		
プロ-ウェー	18950615		
米国	19230416		
ペナン	18911012	18911111	18920824

彼南　（ペナン）	19041129	19050513	19080928	19141203	19150215	19160323	19220330	19230531
	19250110	19270417	19270428	19280322	19290204	19361125		
彼南　（ペナン）港	18980928	18990908						

ペングラン	19100201						
ポートディクソン港	19330703						
ポートランド　（米国）	19160117						
ボルネオ近海	19290121						
ボルネオ地方	19040908						
ボルネオ島	18990418						
香港	19100210	19120803	19160911				
ホンコン	19321128	19330206	19330327				
孟買　（ボンベイ）	18890416	18890902	18891210	18891218	18900123	18900224	19240522
本邦　（日本）	18981208	18990118	18990418	18990928	18991108	19050813	19080428	19090625
	19100110	19170503	19180415	19220918	19240324	19240404	19240918	19250728
	19261216	19280220	19280423	19280521	19290225	19290318	19290506	19290527
	19300203	19300210	19300414	19300811	19300901	19300929	19301027	19301110
	19310608	19311228	19320328	19320404	19320523	19320530	19320704	19320829
	19320905	19320926	19321024	19321121	19340702	19340820		

ま行

マドラス	19240424						
馬来（マライ→マレー）	19111205						
	19220911	19221019	19221109	19230129	19230205	19230208	19230219	19230315
	19230319	19230511	19231015	19231112				
	19270221	19280206						
	19330612	19330821	19330918	19331204	19340108	19340521	19340618	19340702
	19340709	19340723	19340806	19340903	19340917	19340924	19341029	19341112
	19341126	19341203	19341217	19341224	19350410	19350625	19350725	19350825
	19350925	19351110	19351210	19360410	19360510	19360610	19360810	19361110
	19370825							
馬来諸港	19350625						
馬来地方	19230823	19331106					
馬来半島	18981128	18990118	19050108	19070128	19080818	19090413	19090416	19090605
	19100201	19110220	19110310	19110325	19120301	19120510	19121001	19121120
	19130616	19140427	19140430	19140504	19140507	19140511	19140521
	19140528	19140608	19140618	19140625	19150204	19160921	19171112	19191106
	19220119	19220814	19220911	19221019	19221030	19221209		
馬来東海岸	19230703						
馬来領	19341008	19350125					
馬来聯合州	19150809	19220810	19330710	19331120			
馬来聯邦	18971230	19011110	19040728	19050808	19090328	19091110	19100625	19130619
	19211101	19220202	19330626	19330703	19340611	19340820		
馬来聯邦国	19060603	19060608	19060818				
馬来聯邦州	19160706	19170122	19170125	19170813	19190911	19191120	19211128	19220810
	19231224	19240204	19280723	19330710	19331120	19360510		
馬来聯邦諸州	19080328						
マラッカ	18930330	18930419	18930421	18930508			
麻六甲　（マラッカ）	18970906						
馬加刺　（マラッカ）	19050513						
麻六甲　（マラッカ）港	18980928						
馬来由諸州	18951216	18960115					
マルセイユ	19281112						
マレイ	19300203	19300210	19300317	19300414	19310706	19310831	19311005	19311102
	19320411	19320530	19320620	19320627	19320704	19320801	19320926	19321121
	19330109	19330410						
マレイ半島	19291209	19321121					
マレイ連邦	19290715	19290902	19290909	19300224	19300707	19310608	19321024	19330410

マレイ連邦州	19310427	19310608	19310727	19320118	19320314	19320321	19320606	19320808
	19321219	19330424						
マレー非連邦州	19291118							
メルギー諸島	18921213							
メルギー地方	18921220							
メルグイ群島	18971015							

や行

横浜	19031023
横浜直行	19310720

ら行

ラブアン港	19140917			
ラブアン島	19120925			
蘭印　（インドネシア）	19230212	19251224		
蘭貢（ラングーン）港	19060403			
蘭貢（ラングーン）地方	19091210			
蘭東印　（インドネシア）	19240107	19240225	19250916	19251105
蘭領印度　（インド）	18980318	18980518		
蘭領インド	19300901			
蘭領ジャバ島	19060608			
蘭領爪哇（ジャワ）	19020525			
蘭領スマトラ	18960615	19040908		
蘭領蘇麻多拉（スマトラ）島	18950615			
蘭領東印度	19171126	19221207	19250603	
蘭領東印度諸島	19040528	19060313		
倫敦　（ロンドン）	19030703	19250826	19251021	19281112

２．「領事報告」事項索引

数字は発行年月日（18890416は、1889年4月16日）

あ行

項目			
藍　（あい）	19231108		
藍　（あい）生産状況	19231108		
藍　（あい）輸出 状況	19231108		
亜鉛板	19341217		
亜鉛引薄鉄板	19280430		
亜鉛引鉄板	19271210		
悪疫地	19120803		
麻綱	19040828	19041129	
麻綱類	19081108		
麻布	19041101		
麻袋	19240410		
麻袋製産状況	19240410		
アスファルト	19300210		
アスファルト製品	19300210		
阿仙薬　（あせん）	19151216	19160124	
油類	19151216		
鮑（あわび）缶詰市況	19240128		
暗号電信譜	19150422	19160420	
意義	19221102		
医師	19050928		
医術開業資格	19030423		
医術開業手続	19030219		
板紙	19150121		
一手取引制	19251014		
一定申合	18970415		
一般経済情勢　（新嘉坡）	19330807		
一般商界	19080818		
稲作	18990428		
衣服材料	19291118		
移民	18990728	19030713	19081108
	19151122		
移民出入概況	19080603		
移民状況	19010825		
移民制限	19280730		
移民船	19151122		
移民の状況	19121001		
移民の上陸禁止	19030713		
医療器用護謨製品	19280709		
鰮（いわし）	19171015		
印刷業	19180808		
印刷業者	19180808	19280514	
印刷物	19180808		
印刷用インキ	19300929		
印刷用材料商	19280514		
印刷諸機械	19300428		
インターナショナル銀行支店	19080928		
印炭解禁	19221207		
インヂ（ジ）ゴ	19020425		
印度移民	19081108		
印度移民基金法案	19081108		
印度支那産米	19000318		
印度支那米	19000925		
印度（インド）人	19240410		
印度（インド）人絹商	19240410		
印度製茶業	19250223		
印度炭	19240414		
印度米作	18951216		
印度紡績業者	19251119		
印度棉花	19250909		
印度綿糸布	19250909		
印度綿布	19250608		
インヴォイス　（インボイス）	19310406	19310413	
印棉市況	19250912		
ウ（フ）ォーク	19111101		
乳母車	19220404	19280730	
売込競争	19240331		
売込策	19250327		
売込振	19250224		
売込余地	19230205		

開業資格拡張	19160626	19160706			
開業資格認許	19160727				
海峡殖民地貨幣調査委員	19030703				
海峡殖民地関税調査委員会	19311228				
海峡殖民地銀行	18981108				
海峡植民地商業会議所	18930227				
海峡殖民地立法会議	19311005				
回教徒	19311109				
解禁	18991008	19221207			
開港	18950615	18960615			
開港場	18980318				
外国会社条例	19220130				
外国人	19030423	19161030			
外国人医術開業資格	19030423				
外国人医術開業手続	19030219				
外国人登録規則	19170820	19181014			
外国人登録規則改正	19181014				
外国貿易　　（英領馬来）	19261119				
外国貿易概況　（英領馬来）	19241201	19380610	19380710	19380810	19380910	19380925
外国貿易概況　（英領マレイ）	19330130				
外国貿易概況　（新嘉坡）	19280116				
外国貿易概況　（馬来）	19350410				
外国貿易状況　（英領馬來）	19370625	19370810	19371025	19371125	
外国貿易状況　（サラワク王国）	19371110				
外国貿易状況　（シンガポール港）	19291209				
外国貿易統計　（サラワク王国）	19370510				
外国貿易年報　（英領馬来）	19370410				
外国貿易年報　（サラワク王国）	19370125				
外国貿易年報　　（暹羅国）	18961102				
外国綿布	19340702				
開催	19101110				
海産物	18960601	19240117			
海産物市況　（新嘉坡）	19071218				
開始	19081023	19281112			
会社新設	19230416				
解除	19120803				
外人追放の条例改正	19060613				
外人当業者	19340716				
改正	19040423	19160313	19160427	19160626	19160703	19170816
	19181014	19211128	19220504	19220810	19221204	19221228
	19240929	19250813			
開設	19131006				
改善研究	19380110				
懐中電灯	19151011				
開通	19051018	19090805			
買付	19250302				
買付上の新傾向	19250302				
改定	19240204				
改訂	19160525	19160821			
改定追加	19160306				
改訂追加	19150823	19150927	19160420		
改定表	19160217	19160601			
会頭	19361125	19370525	19371125		
貝釦　（ボタン）	19150222	19231108	19271212		
貝類缶詰	19300317				
花筵（かえん）	19060403	19330821			
花筵（かえん）類	19240904				
価格	19091210				
化学製品	19190327				
家具	19151021	19251117			
各港船舶出入状況　（海峡殖民地）	19320725				
各種硝子製品	19250228				
各種革具製品	19100125				
各種魚類	19010325				
各種刷子（さっし）類	19220817	19220821			
各種商品	19241023	19290520	19290610		
各種製品	19170402	19220821			
各種茶況　（新嘉坡）	19020510				
各種鉄器類	19250311				
各種電気器具	19250510				
各種本邦商店　（新嘉坡）	19170503				
各地慣用	19160911				
拡張	19150422				

確立の要	19251014				
加工銅	19041024				
加工品　（絹糸布）	19241120				
加工品貿易　（綿絹糸布、英領馬来）	19251009	19260427	19260525	19260725	19260801	19261024
	19261107	19261111	19321205	19330116	19270112	19270130
	19270327	19270410	19270501	19270602	19270610	19270814
	19270816	19270925	19271030	19271127	19280129	19280219
	19280317	19280326				
加工品　（綿、絹糸布）（英領マレイ）	19321205	19330410	19340528	19340924	19350225	
加工品　（綿、絹綿糸布）（英領マレイ）	19330116	19330306				
加工綿布	19310720				
加工綿布市況　（新嘉坡）	19261006	19261116	19261217	19270218	
加工綿布糸市況（新嘉坡）	19270110				
果実	19240623				
課税	18950219	19160717			
苛性曹達（かせいソーダ）	19331204				
苛性曹達（かせいソーダ）使用高	18931113				
課税問題	19240407	19250909			
ガタ・ヂュルトン	19250529				
楽器	19220109				
学校用品	19311116				
各国売込競争	19240331				
ガッタ・パーチャ	19310914				
ガット	19250529	19250604			
活動写真用	19140824				
ガット相場	19250529				
活躍振	19280521				
金物	19271206				
金物類	19341217				
鞄（かばん）材料	19291118				
鞄類	19271107				
貨幣　（新嘉坡）	19160828				
貨幣相場表　（新嘉坡港）	18980508	18980518			
貨幣調査委員	19030703				
貨幣調査委員会	19030523				
貨幣調査特別委員調査	18980115				
貨幣問題	18971025	18980318			
貨幣輸出入額	18981208				
貨幣輸出入調査表	18971115				
貨幣輸出入表　（新嘉坡港）	18980308	18980518			
カポック	19171126				
紙	19190327				
上半期総会演説	19361125				
紙類	19241204	19280317			
Gum　Copal	19291125				
貨物	19150802	19310406			
貨物運搬賃金改正　（新嘉坡港内）	19211128				
貨物船	19010710				
貨物相場　（新嘉坡）	18901218				
貨物積換解禁	19150802				
貨物船積陸揚費	19010710				
貨物保管料改正　（馬来連邦州）	19331120				
貨物輸出高　（新嘉坡）	18920310				
硝子	19160511	19180128	19241016		
硝子器	19150218	19150621	19211222	19220810	19250608	
硝子器輸入	19260726				
硝子製品	19160511	19231224	19250228	19280430	
硝子瓶	19270704				
硝子瓶類	19280430				
為替市場	19240410				
為替相場	19311228				
為替相場　（新嘉坡港）	18980518				
為替相場附	18980508				
為替相場表　（新嘉坡港）	18980508	18980518			
乾魚	19321128	19330327			
玩具	19170315	19180124	19300526		
玩具状況　（新嘉坡）	19240124	19240212			
玩具類	19280709				
患者数　（コレラ）	19270705				
甘蔗製　（かんしょ）	18890520				
関税	19240929				
関税　（海峡植民地）	19231022				
関税一部改正　（マレイ連邦州）	19321219				

関税改正	19240929	19321024			
関税改正　（英領マレイ）	19321226				
関税改正　（柔仏州→ジョホール州）	19240929	19330703			
関税改正　（マレイ連邦）	19321024	19330410			
関税改正　（馬来連邦）	19330626				
関税施行規則　（馬来連邦州）	19330710				
関税調査委員会　（海峡殖民地）	19311228				
関税率改正　（英領北ボルネオ）	19331211				
関税率改正実施　（砂糖）	19340924				
関税同盟	19311228				
観測	19340716				
缶詰	19130505	19150802	19160501	19240117	19300317
缶詰業	19211117	19211201			
缶詰製造工場	19211201				
寒天	19320926				
乾電池	19151011				
カンバス	19341217	19341224			
甲板客	19150311				
甲板船客	19150311	19150408	19150715		
官有期日決定	19050823				
官有決定	19050803				
気運	19230528				
機械	19290430				
器械	19311116				
機械工場	19290520				
危機	19240404				
基金法案	19081108				
器具	19311116				
気候	18890314				
生地綿布	19240609				
汽車	19170122				
汽船	19170122				
汽船会社	18890416	18980528			
汽船航路現況	19020918				
規則改正	19181014				
規則細則　（新嘉坡市場）	18980318				
規程	19180715				
記入励行　（インヴォイス）	19310413				
絹	19330918	19360610	19360810		
絹織物	19240404	19270329			
絹織物輸入状況　（英領馬来）	19270329				
絹靴下	19220508				
絹商	19240410				
希望	19250502				
窮境	19090520				
休採面積　（護謨園）	19330313				
休採面積統計　（護謨）	19330501				
急進出	19250603				
急務	19250602				
牛酪 →バター	19231112				
経木真田　（きょうぎさなだ）	19240901				
行政年報摘訳　（馬来由諸州）	18951216	18960115			
行政年報摘要　（麻六甲、マラッカ）	18970906				
競争激甚	19260726				
協定	18890416				
漁獲計画	19290121				
漁業	19180117				
漁業規則改定	19141203				
漁業状況　（新嘉坡）	19150719				
漁業状況　（馬来東海岸）	19230703				
漁業状況　（馬来領）	19341008				
漁業保存令公布　（サラワク国）	19341203				
漁網	19150719	19211121	19241106		
漁網漁具	19240110	19240114			
漁網糸	19230514				
漁網糸市況　（新嘉坡）	19230514				
魚類	19010325				
銀貨	18930227				
金貨本位制　（海峡殖民地）	19061128				
金貨本位制採用問題　（海峡殖民地）	19030205				
銀貨問題	18930227				
近況	19090413	19090505	19210804	19250818	
金銀銅箔類	19240424				

金銀輸出入　（海峡殖民地）	18970605				
金銀輸出入表　（海峡殖民地）	18971025	18990928	19000610		
銀行	19080928				
銀行法定休業日	19320307				
禁止	19150311				
近状　（馬来連合州）	19150809				
金融　（新嘉坡）	19000308				
金融一斑　（新嘉坡）	19031028	19040423			
金融一斑　（新嘉坡港）	18980728	18980908	18981008		
金融機関	19111205	19160828			
金融事情　（新嘉坡）	19040323	19040408			
金融情況　（英領海峡殖民地）	19011110				
金融状況　（新嘉坡）	19011025	19020125	19020904	19020918	19040608	19040708
	19040713	19040813	19041005	19041105	19041213	19050108
	19050218	19050228	19050423	19050603	19050708	19050908
	19051018	19051203	19060113	19060208	19060318	19060408
	19060528	19060603	19060708	19060728	19060823	19061008
	19061103	19061128	19070218	19070228	19070323	19070418
	19070528	19070613	19070723	19070808	19071013	19071123
	19080128	19080208	19080218	19080313	19080428	19080523
	19080723	19080803	19080808	19081028	19081103	19081208
	19090218	19090625	19090710	19090805	19091025	19091205
	19091220	19100125	19100305	19100320	19100505	19100520
	19100710	19100820	19100825	19100920	19101125	19101220
	19110205	19110325	19110505	19110515	19110525	19110915
	19111005	19111105	19111215	19120215	19130515	19120310
	19120410	19120510	19120720	19130515	19130728	19130828
	19140528	19140604	19140813	19140820	19141001	19141029
金融情況　（新嘉坡）	19020510				
金融諸表　（新嘉坡）	19021002				
金融並経済状況　（新嘉坡）	19150111	19150128	19150405	19150527	19150830	19151028
	19151125	19160110	19160127	19160217	19160406	19160424
	19160601	19160629	19160803			
	19161116				
金輸出禁止	19311228				
果物	19320905				
靴	19291118				
靴附属品	19301006				
首飾制作	19250825				
組紐	19231029				
クラウン・コルク	19310824				
倉敷（くらしき）料	19010710				
燻（くん）鰊（にしん）	18990218				
経営事業	19171112				
経営新案	19300106				
計画	18890427				
景況	18890520	18890528	18890814	18891011	18891210	18891218
	18960615	18961015	18970104	18980908	18981228	
景況　（南洋諸島）	18921026				
軽減延長　（農作地租）	19330424				
経済概況　（英領北ボルネオ）	19350925				
経済事情　（英領北ボルネオ）	19371110				
経済事情（サラワク王国）	19371110				
経済事情　（ジョホール州）	19321121				
経済情勢　（馬来）	19351210				
経済情報（英領マレイ）	19330508				
経済情報　（シンガポール）	19320912	19320919	19320926	19321003	19321010	19321017
	19321024	19321031	19321107	19321114	19321121	19321121
	19321205	19321212	19321219	19330109	19330116	19330123
	19330206	19330220	19330227	19330313	19330327	19330410
	19330417	19330522	19330529			
経済情報　（新嘉坡）	19330612	19330619	19330703	19330710	19330724	19330731
	19330821	19330904	19330918	19331002	19331009	19331023
	19331106	19331113	19331204	19340122	19340416	19340618
	19340702	19340709	19340723	19340806	19340820	19340910
	19340917	19341001	19341015	19341119	19341203	19341217
経済情報　（馬来）	19341029				
K.P.M.汽船会社	19211117				
経由	19250420				
毛織物	19310928				
化粧品	19300428	19300818			
ケダ近況	19090416				
決議	18930227				

下落	19160703				
原因	18911111	19080818			
検疫	18980518				
検疫解除　（新嘉坡）	19160911				
検疫指定地　（新嘉坡）	19120610				
検疫廃止	19031023				
現況	19070118	19080818			
現行関税　（英領馬来）	19231122				
検査	19141203				
現在	19110220				
原産貨物	19160323				
原産国証明	19310406				
原産国名	19310413				
減産問題会議　（英領馬来）	19331204				
絹糸布	19241120	19321205	19330306	19330410	19340528	19340924
	19350225				
減縮	18891218				
現状	19231101	19280423	19280507		
現勢一斑	19290826				
建設計画	19230521				
建築材料市場　（英領マレイ）	19300120				
建築用陶磁器	19290513				
原動力機	19300407				
絹布（けんぷ）	19240404	19280430			
絹綿織物　（日本産）	19110210				
絹綿糸布	19260427	19260525	19260725	19260801	19261024	19261107
	19261111				
絹綿布	19330116				
原料	19160914	19231108			
原料護謨　（英領馬来）	19230517	19230628	19250525	19270417	19270514	19271023
	19271118				
原料原産地別量額	19250327	19250402			
原料仕向け地別量額	19250402				
原料護謨市価抑制	19250525				
原料問題	19240410				
梗概　（こうがい）	19101110				
航海概況	19211201				
光学精密機械	19310629				
硬化護謨液	19230416				
好機	19240508				
公休	19320307				
講究の必要	19250630				
公休日　（海峡殖民地）	19310112				
好況	19221102				
工業原料品	19250302				
好況持続予想	19250603				
工業薬品	19241225	19250220	19280330		
航空連絡輸送	19281112				
鉱産統計　（馬来）	19360510				
鉱産物生産統計　（馬来）	19350625				
硬質陶器	19141026				
豪州商務官新設	19230125				
豪州政府	19211215				
港税免除	19230201				
鉱石	19301117				
公定価格公布　（護謨）	19290902				
公定相場　（護謨）	19290909				
昂騰（こうとう）	19250516				
公表	19080923				
公布	19081108	19191120			
公報	19091210				
鉱油	19151216				
小売商	19180328				
小売相場の変動	18950219				
航路　（北ボルネオ）	19140917				
航路拡張	19211215				
港湾　（新嘉坡）	19230524				
港湾状況　（新嘉坡）	19230524	19250607			
珈琲　（コーヒー）	19230719				
国際錫協定案	19370510				
国際生産制限参加	19370810				
国勢一斑　（馬来連邦）	19011110				
国勢調査　（海峡植民地）	19210908				

国有鉄道	19090805				
国有鉄道　（暹羅）	19210804				
ココアナット油	19240612				
胡椒　（こしょう）	19280330				
コプラ粕	19290527				
護謨	19100410	19110325	19110825	19120301	19141012	19160313
	19220220	19220511	19220518	19230212	19230517	19230621
	19230628	19250601	19270417	19271023	19271118	19280322
	19280514	19280528	19280702	19310427	19330501	19390725
	19390810	19390825	19390925	19391025	19391125	19391225
護謨、錫	19390810				
護謨、錫及錫鉱	19390825	19390925	19391125	19391225	
護謨液	19230416	19230531	19230614	19230628	19231018
護謨園	19111205	19170813	19180415	19180805	19221030	19250516
護謨園（制限）条例　（ジョホール州）	19180415				
護謨園企業	19111205				
護謨園救済	19310907				
護謨園休採面積　（英領マレイ）	19321107	19330313			
護謨園条例　（馬来連邦州）	19170813				
護謨園地籍　（馬来半島）	19221026				
護謨園買収説	19230319				
護謨園用足袋	19220327				
護謨及錫	19390725				
護謨及錫・錫鉱	19391125				
護謨界　（新嘉坡）	19280423				
護謨会議開会	19141026				
護謨価高騰	19250516				
護謨加工品	19211212				
護謨缶	19120501	19120720			
護謨関連	19100201				
護謨休採面積統計	19330501				
護謨靴　（ゴム靴）	19221016	19300526	19301006		
護謨好況　（新嘉坡）	19221102				
護謨公定価格公布　（マレイ連邦）	19290902				
護謨公定相場　（マレイ連邦）	19290909				
ゴムコパール	19130616				
護謨在荷高	19220518	19281015			
護謨栽培	19190915	19211212			
護謨栽培業	19060603	19110220	19211027		
護謨栽培業者	19110325	19150204			
護謨栽培事業	19120301	19150111			
護謨栽培状況　（馬来）	19341203				
護謨栽培地制限条例廃止　（海峡殖民地）	19190911	19190915			
護謨栽培地制限条例廃止　（ジョホール州）	19190922				
護謨栽培地制限条例廃止　（馬来連邦州）	19190911				
護謨栽培地制限撤廃　（ジョホール州）	19190925				
護謨産額予想	19150607				
護謨産業概況　（マレイ）	19320411				
護謨産業状況　（英領マレイ）	19330501				
護謨産業状況　（英領馬来）	19331218				
護謨産出量　（英領マレイ）	19321121				
護謨産出量予測　（馬来半島）	19120510				
護謨市価	19250525				
護謨市況	19221019	19221130	19221211	19250615	19250622
護謨市況　（英領マレイ）	19311130	19311228			
護謨市況　（英領馬来）	19331204				
護謨市況　（海峡殖民地）	19310629				
護謨市況　（新嘉坡）	19230118	19250706	19250716	19250801	19250815	19390810
	19390910	19390925	19391110	19391125	19391210	19391225
	19400110	19400210	19400325	19400410	19400425	19400510
護謨市況　（シンガポール）	19310727	19311221	19320201	19320307	19320328	19320502
	19320530	19320704	19320801	19320905		
護謨市況　（マレイ）	19310831	19311005	19311102	19311130	
護謨市況　（馬来）	19340521				
護謨事業	19100201	19130616			
ゴム市場管理	19300728				
護謨樹	19070128	19110220	19110320		
護謨什器（じゅうき）	19150204				
護謨商況　（新嘉坡）	19220511				
ゴム製靴	19301006				
護謨制限改正法公布（馬来）	19341203				
護謨制限法公布	19340611				
護謨制限率	19231108				

護謨生産	19250204				
護謨生産状況　（英領マレイ）	19330424				
護謨生産制限	19220706	19221207	19230301		
護謨生産制限協定	19340507				
護謨生産制限法　（英帝国）	19221124				
護謨生産制限問題	19220706	19250412			
護謨生産高　（英領マレイ）	19330130	19330403			
護謨生産輸出制限法　（海峡殖民地）	19340806				
護謨生産輸出制限率変更　（英領馬来）	19250204				
護謨生産予想	19251224				
護謨生産量	19240204	19240310			
護謨生産割当量	19340507				
護謨製品	19170416	19250515	19250602	19271206	
護謨製品状況	19221016				
護謨相場　（新嘉坡）	19160703				
護謨騰貴	19250630				
護謨統計　（馬来）	19340924	19360410			
護謨土地制限条例廃止　（馬来半島）	19191106				
護謨取引	18890930				
護謨売買商人　（新嘉坡）	19110825				
護謨品	19250529				
護謨平均市価	19250826				
護謨平均値段	19251021				
護謨貿易概況　（馬来半島）	19120301				
護謨密輸取締	19230621				
護謨問題商議	19300901				
護謨輸出額　（英領馬来）	19270326				
護謨輸出許可率　（英領馬来）	19280514				
護謨輸出新税率公布　（マレイ連邦）	19300707				
護謨輸出数量	19130619	19230212			
護謨輸出税	19221102	19280806			
護謨輸出制限　（英領馬来）	19280806				
護謨輸出制限法	19221026	19221109	19230219	19230312	
護謨輸出制限率	19230816	19240207	19240512	19240811	19241106	19250601
	19250807	19251107	19251209	19260505	19260805	19261104
	19270212	19270506	19270808	19271107	19280206	19280813
護謨輸出制限率措置　（英領馬来）	19260505	19260805	19261104	19270808	19271107	
護謨輸出税制	19221030				
護謨輸出税制案　（英帝国）	19221026				
護謨輸出税全廃問題　（馬来連邦州）	19280723				
護謨輸出税引下　（馬来連邦州）	19280723				
護謨輸出税賦課　（海峡殖民地）	19340611				
護謨輸出高	19220202				
護謨輸出入状況　（英領馬来）	19270412	19270607	19270716	19270817	19270912	19271021
	19271217	19280210	19280217	19280323	19280331	19280910
護謨輸出入数量　（英領馬来）	19280528	19280702	19280910	19390725	19390825	
護謨輸出入数量統計　（英領馬来）	19391125				
護謨輸出入統計　（英領馬来）	19390810	19390925	19391025	19391225	
護謨輸出入量　（英領マレイ）	19321031				
護謨輸出予想　（英領馬来）	19251224				
護謨輸出量　（英領馬来）	19250912	19251019	19251224		
護謨輸出割当量	19340521				
護謨油状況	19251001				
護謨輸入量	19280322				
米集散概況	19321121				
虎列刺（コレラ）	18930330	18930419	18930421	18930508	19270705
コレラ患者数　（英領馬来）	19270705				
虎列刺（コレラ）発生	18930330	18930419	18930421		
懇談要領	19340709				
コンデンスミルク	19221116				
蒟蒻粉　（こんにゃくこ）	19311005				
混入紙	19230614				
混乱	19090520				

さ行

財界　（新嘉坡）	19140907	
採金業状況　（馬来）	19231112	
最近事情一斑　（英領海峡殖民地）	19110125	
紫梗米況	19070928	
西貢米低落	19250630	
再査定	19240310	
サイザル麻	19250410	
財産	19160404	

	19231112	19231224	19240114	19240404	19240707	19240807
	19240901	19240904	19240911	19240915	19240918	19241016
	19241106	19241204	19241211	19241222	19241225	19250110
	19250528	19250822	19260710	19271113	19290805	19300203
	19300224	19300407	19300929	19301117	19301201	19311026
	19320905	19320926	19330703	19331204	19340924	19341112
	19351110					
需給の現状	19280423					
酒税　（海峡植民地）	19320725					
朱檀材（しゅたんざい）	19240218					
出入貨物頓税賦課	19330703					
出入船舶状況　（新嘉坡）	18990908	19110325				
出入船舶統計　（新嘉坡港）	19350625					
出入本邦船　（新嘉坡）	19160316					
出品規則	19180715					
出品規則改正	19190519					
出品状況	19221011					
主要各種商店　（新嘉坡）	19170423					
主要商品価格　（新嘉坡）	19170426					
主要物産市価　（シンガポール地方）	19321024					
主要物産市況　（シンガポール）	19330306	19330313				
主要物産市況　（シンガポール地方）	19321121	19321226				
主要物産商況　（シンガポール地方）	19330417					
主要本邦綿布状況　（英領馬来）	19240324					
主要輸入商	19220504					
需要	19010325	19130602	19130605	19150719	19150902	19150906
	19160501	19171001	19171015			
需要業者	19161019					
需要者	19180808	19310824				
需要状況	19041024	19041101	19110925	19111101	19131225	19140727
	19150121	19150204	19151011	19160713	19170315	19220109
	19220206	19220327	19220404	19220420	19220508	19220601
	19230531	19231112	19240221	19240306	19250213	19250214
	19250215	19250510	19250527	19250628	19250911	19270704
	19271107	19300210	19310511	19310629		
需用状況	19040828					
需要消長	19250220					
需要趨勢	19230122					
需要の状況	18951216					
酒類	19131027	19160717	19191225	19211128	19221204	19250813
	19311124					
酒類消費税賦課　（ジョホール州）	19320321					
酒類税引上　（海峡殖民地）	19311130					
酒類販売業者	19131027					
酒類輸入規則改正　（馬来連邦）	19211128					
酒類輸入税率改正　（英領馬来連邦）	19191225					
酒類輸入税率改正　（海峡殖民地）	19250813					
巡回命令書	18971215					
準備金	18981108					
商況	18890225	18890325	18890416	18890528	18890623	18890814
	18960302	18960601	18960815	18970915	18971005	18971015
	18900428	19020410	19050918	19060403	19061108	19080428
	19100110	19100405	19150621	19230823		
商況　（新嘉坡）	18900205	18910325	18920116	19260517		
商況　（綿花）	18890902	18891218				
商況　（輸出入品）	18890225	18890528	18890623	18890814		
情況　（英領北ボルネオ）	19240228					
商業	18890314					
商業　（英領海峡植民地）	18950902					
商況一斑　（英領海峡植民地）	18950126					
商業会議所	19260505					
商業習慣	18960104					
商況調査	18970104					
使用許可	19160420					
使用区域	19150705					
商工会議所設立　（シンガポール）	19320307					
商工業者	19181219					
商工業者人名録　（新嘉坡）	19181219					
小雑貨	19250224					
消失	19230802					
商社	19160404					
使用奨励運動　（英帝国品）	19320620					

商店	19170423	19170503			
樟脳　（しょうのう）	18960615				
樟脳樹	19121120				
使用の禁止　（本邦円銀）	18990418				
使用範囲	19150422				
消費状況　（魚丸）	19331106				
消費税	19251208	19270221			
消費税中止対策	19251208				
消費税撤廃運動	19240529				
消費税撤廃賛成論	19250608				
消費税の増課	19020525				
消費税引上実施	19311005				
消費税法廃止　（燐寸）	19270221				
消費税率変更　（海峡殖民地）	19320606				
商標	19221026				
商標権	19230614	19230813	19230927	19230929	
商標保護手続	19221026				
商品	18981208	19220821			
商品価格	19170426				
商品市況	19221225				
商品陳列館　（新嘉坡）	19180715	19190519			
商品陳列館規定　（新嘉坡）	19190519				
商品陳列館規程　（新嘉坡）	19180715				
商品陳列所	19260505				
商品標記条例	19220504				
商品見本	18971005	18971015			
商品輸出入額	18981208				
錠前	19110405				
醤油	19160501	19300901			
商用飛行場	19310914				
将来	19070118	19110220			
	19231115	19240414	19250615	19291223	
上陸禁止	18990728	19030713			
上陸制限港名	19161030				
条例	19170813	19180415	19191120		
職業別表	19070203	19080313	19080802	19091005	
植物性諸油	19061113				
殖民地	19340716				
食用油脂類	19330410				
諸工業状況　（英領馬来）	19250621				
所属財産の清算	19160404				
書店	19311109				
新開港	18950615				
新開港場	18980318				
新火山島	19230802				
新嘉坡汽船会社	18970415				
新嘉坡近況	19090505				
新嘉坡金融	19000308				
新嘉坡港	19280702	19290121			
新嘉坡港界	19220404				
新嘉坡港湾状況	19250607				
新嘉坡米況	19060413	19060423	19060428	19060503	19060513	19060518
	19060603	19060618	19060623	19060708	19060723	19060803
	19060818	19060903	19061018	19061103	19061113	19061125
	19061213	19061223	19070108	19070125	19070213	19070223
	19070308	19070318	19070403	19070418	19070503	19070518
	19070603	19070618	19070703	19070723	19070803	19070813
	19070828	19070913	19071013	19071028	19071113	19071203
	19071213	19080108	19080128	19080213	19080228	19080323
	19080418	19080503	19080518	19080603	19080618	19080703
	19080723	19080808	19080828	19080918	19081013	19100501
	19111210	19111215	19120215	19120220	19120315	19120410
	19120501	19120525	19120705	19120725	19120920	19121015
	19121201	19130105	19130115	19130210	19130215	19130310
	19130320	19130404	19130410	19130424	19130609	19130630
	19130728	19130807	19130821	19130911	19131020	19131027
	19131124	19140108	19140119	19140326	19140423	19140108
新嘉坡市街鉄道	19011010				
新嘉坡市街電気鉄道	19051018				
新嘉坡市場	18980318	19221207	19280521		
新嘉坡市場回復	19230517				
新嘉坡商業会議所	18980115	18980318	19361125		
新嘉坡商業会議所会頭	19361125				

新嘉坡商業会議所総会	19370525	19371125			
新嘉坡商業会頭	19341112				
新嘉坡商品陳列館規程	19180715				
新嘉坡商品陳列館規定	19190519				
シンガポール商用飛行場	19310914				
新嘉坡政庁	19031108				
新嘉坡政府	19141001				
新嘉坡石炭会社の設立	18970104				
新嘉坡石炭市況	19120115	19120220	19141102	19150114	19150405	19150419
	19150527	19150603	19150805	19150826	19151206	19151227
	19160224	19160316	19160410	19160427	19160601	19160703
	19160817	19161109	19161204	19170129	19170322	19170419
	19200819	19200927	19201011	19211027	19211215	19220109
	19220123	19220227	19220420	19220619	19220717	19220824
	19220828	19220925	19221026	19221127		
新嘉坡炭況	19120410	19120501	19120610	19120705	19120801	19120920
	19121015	19121201	19130105	19130210	19130301	19130407
	19130424	19130602	19130630	19130728	19130821	19130922
	19131020	19131201	19140108	19140223	19140312	19140409
	19140518	19150201				
新嘉坡駐在	19230125				
新嘉坡帝国領事館管轄区域内	19070203				
シンガポール日本人商工会議所設立	19320307				
新嘉坡燐寸会社	19240421				
新嘉坡要塞築造決定	19250723				
新関税実施　（マレイ連邦州）	19320808				
新規取引中止申合	19280521				
新傾向	19250302				
人絹	19340618	19340716			
人絹織物	19301110	19350410	19360410	19360610	19360810
人絹織物類	19340702				
人絹糸布	19330918				
人絹品	19350125				
人絹布	19310720				
人絹布割当	19340820				
人絹布割当量	19341126				
人口　（海外植民地）	19120225				
人口衛生	19010825				
人口数　（英領海峡殖民地）	19011010				
新航路の開始	19011010				
清国移民	19030713				
新国際錫協定案	19370510				
震災	19231025				
新採掘不許可声明　（マレイ連邦政府）	19300120				
真珠貝	18921213	19040528			
真珠貝採取の状況	18971015				
真珠母貝	19040528				
新設	19211121	19220814	19230125	19230528	
新設の気運	19230528				
新船渠	19131006				
人造絹織物	19301201				
人造絹糸製品	19240901				
新島現出	19230319				
新東洋航路	19220828				
新聞	19311109				
新聞税実施　（マレイ連邦州）	19320808				
新聞用紙	19250628				
進歩	18890715	18900115			
人名録	19181219				
新輸入関税公布　（マレイ連邦州）	19320118				
新輸入税実施　（英領マレイ連邦）	19311106				
新輸入税品目　（英領マレイ）	19311124				
新輸入税率修正　（英領マレイ）	19311124				
新輸入割当法	19340903				
人力車	18930310	18951216	19051018	19150628	19181209	19250822
人力車数　（新嘉坡）	19170212				
水産　（南洋）	19140427	19140430	19140504	19140507	19140511	19140521
	19140528	19140608	19140618	19140625		
水産物	19130602				
水稲（すいとう）状況	19240204				
錫	19120301	19150329	19240317	19240424	19291223
錫売出状況　（新嘉坡）	19230524				
錫及錫鉱	19390825	19390925	19391225		

錫金	18921220					
錫鉱	19300120					
錫鉱業　（馬来半島）	19130619					
錫鉱業救済	19250813					
錫鉱輸出附加税　（マレイ連邦州）	19310608	19320314				
錫国際減産協定	19310427					
錫国際減産協定成立法案	19310427					
錫産	19121120					
錫産出高	19040728					
錫市価	19131222					
錫市況　（英領マレイ）	19311130	19311228				
錫市況　（英領馬来）	19331204					
錫市況　（海峡殖民地）	19310629					
錫市況　（シンガポール）	19310727	19320201	19320307	19320328	19320502	19320530
	19320704	19320801	19320905			
錫市況　（マレイ）	19310831	19311005	19311102			
錫制限法　（マレイ）	19310706					
錫生産状況　（マレイ）	19310706					
錫生産制限	19300317	19380610				
錫製錬業状況　（英領馬來）	19250614					
錫統計　（馬来）	19360410					
錫の将来　（英領マレイ）	19291223					
錫プール	19380610					
錫貿易概況　（馬来半島）	19120301					
錫輸出禁止　（海峡殖民地）	19150329					
ヅ（ズ）ック	19341217	19341224				
ストレーツ、ダラー	19041028	19050123				
摺附木（すりつけぎ）→燐寸	19020525					
寸法	19330821					
寸法目付	19230809					
青果物	19271113					
税関倉庫	19331120					
制限条例	19190911	19190915	19190922	19191106		
制限撤廃	19190925					
制限品目　（輸出入）	19260429					
清算	19160404					
生産状況	19171126	19231108	19250602	19250807	19280604	19331106
製産状況	19240410					
生産消費状況　（魚丸）	19331106					
生産制限　（護謨）	19230301					
生産制限問題　（護謨）	19250412					
生産予想　（護謨）	19251224					
製糸家	18891218					
製紙業状況　（英領馬来）	19250607					
精製業状況	19250529					
製造業	19250410					
製造業者	19230531	19240612	19250515	19271206	19280314	
製造業状況	19250529	19250608	19250609			
製造工業	19250304					
製造者	18930310					
製造販売業者	19160914					
製造販売商	19220330					
製茶業	19250223					
製茶状況　（新嘉坡）	19061108					
製茶輸出高	18900109					
製茶輸入　（新嘉坡）	19110725					
政庁通告	19340702					
製鉄	19240410					
製鉄原料	19240410					
製鉄原料問題	19240410					
製糖業状況　（英領馬来）	19250602					
税引上実施	19311124					
製氷会社　（新嘉坡）	19251117					
製氷機械商　（新嘉坡）	19251117					
製品状況	19240421					
製品販売開始	19330109					
政府	19041005	19041028	19141001			
政府　（新嘉坡）	19031108					
製粉業	19240107					
精米会社	19100805					
精米業状況　（英領馬来）	19250530					
精米市場	19090520					
製油業	19040908					

清涼飲料	19230315				
清涼飲料水	19160914	19230531	19250110		
世界	19220518				
世界栽培護謨産額	19150607				
石炭	18890325	19240807	19250215	19250227	19250911	19290212
	19290415	19291125	19300310		
石炭供給者　　（新嘉坡）	19031223				
石炭鉱	18890427	18920824			
石炭坑	18921220				
石炭産出状況　　（海峡殖民地）	19210901				
石炭市況　　（新嘉坡）	19081118	19081218	19090113	19090218	19090228	19090413
	19090610	19090625	19090805	19090820	19091210	19100125
	19100210	19100310	19100505	19100520	19100710	19100905
	19120115	19120220	19141102	19150114	19150405	19150419
	19150527	19150603	19150805	19150826	19151206	19151227
	19160224	19160316	19160410	19160427	19160601	19160703
	19160817	19161109	19161204	19170129	19170322	19170419
	19200819	19200927	19201011	19211027	19211215	19220109
	19220123	19220213	19220227	19220413	19220504	19220619
	19220717	19220824	19220828	19220925	19221026	19221127
	19221130	19230122	19230305	19230409	19230507	19230625
	19230726	19230731	19231108	19231126	19240114	19240124
	19240225	19240623	19250123	19250214	19250311	19250528
	19250613	19250617	19250725	19250825	19250914	19251022
	19251203	19260125	19260307	19260406	19260506	19260528
	19260703	19260715	19260824	19261008	19261105	19261119
	19261227	19270203	19270219	19270323	19270409	10270516
	19270702	19270804	19270810	19271008	19271022	19271117
	19280118	19280305	19290107	19310112	19310713	19311214
	19320229	19320328	19320627	19320711	19321017	19321226
	19330703	19330731	19331002	19331023	19331211	19331225
	19340305	19340716			
石炭市況　　（シンガポール）	19310112	19310713	19311214	19320229	19320328	19320627
	19320711	19321017	19321226	19330206	19330424	
石炭需給　　（新嘉坡）	19180722				
石炭需給状況　　（新嘉坡）	19081023				
石炭需要供給状況　　（新嘉坡）	19061023				
石炭商況　　（新嘉坡）	18971105	18971215	18971225	19011110	19160828	19160921
	19170514	19170607	19170709	19170809	19171008	19171115
	19171227	19180214	19180304	19180530	19180624	19180912
	19181101	19181202	19190120	19190210	19190320	19190410
	19190605	19190612	19190703	19191006	19191103	19191204
	19200719	19220504			
石炭商況　　（新嘉坡港）	18980228	18981008			
石炭消費額市価　　（新嘉坡）	19031223				
石炭貯蔵所　　（スマトラ）	19010925				
石炭貯蓄高　　（シンガポール）	19290909	19310713			
石炭積取船	19230201				
石炭統計　　（新嘉坡）	19360410				
石炭統計表　　（シンガポール）	19390225				
石炭の景況　　（新嘉坡港）	18970726				
石炭の商況　　（新嘉坡港）	18970915				
石炭輸入	19210901	19290909			
石炭輸入景況　　（新嘉坡港）	18970906				
石炭輸入統計　　（シンガポール）	19290212	19291125	19300310		
石炭輸入量額　　（シンガポール）	19290415				
石盤	19160221				
石版石	19091210				
石油	19311124				
石油会社景況	18930218				
石油税引上　　（海峡殖民地）	19311124				
石油脈	18890628				
施行	19170514				
設置	19160323				
設置計画	19230125	19310914	19321226		
セメント	19150215	19160117	19180808	19211208	19221011	19240515
	19241120	19250327	19251223	19271117	
セメント市況　　（新嘉坡）	19271117				
セメント状況　　（英領馬来）	19240515				
セメント増産	19251223				
セランゴール州近況	19090505				
セルロイド製品	19210924	19241208			
船医資格	19141109				

船医者資格	19151122				
繊維植物	19230129				
船渠	19131006				
船渠局　（新嘉坡）	19090505				
鮮魚状況　（新嘉坡）	19270702				
船具	19291223				
全景　（サンダカン港、写真）	19160622				
線香類	19110925				
戦時税法　（海峡殖民地）	19170514				
船主同盟	19090505	19090520	19090805		
染色毛糸	19160706				
染色綿布	19240619				
戦争の影響　（海峡殖民地）	19150913				
船舶出入景況　（新嘉坡港）	18980928				
船舶出入景況　（彼南港）	18980928				
船舶出入景況　（麻六甲－マラッカ港）	18980928				
船舶出入状況　（海峡殖民地各港）	19320725				
船舶出入の景況　（海峡殖民地）	18970715	18970805			
船舶出入表　（彼南港）	18990908				
扇風機	19150902				
染料	19160224	19180124	19280310	19280330	
増課	19020525				
総会	19370525				
総会演説	19361125				
雑具　（ぞうぐ）	19310727				
倉庫業　（新嘉坡）	19230524				
増産　（セメント）	19251223				
装飾品	19260312				
装飾品輸入状況	19260312				
装身具	19110405				
増税	19160713				
相場	19250529				
相場下落　（護謨）	19160703				
総罷業	19260517				
ソーセージ	19240918				
曹達（ソーダ）灰	19331204				
続発	19230503				
属領地	19161030				
蔬菜　（そさい）	19240623				
粗製護謨	19141012				
ソヴィエト連邦製品綿布	19310323				

た行

対印輸出	19240508				
対英本国向郵便物	19281112				
対外貿易　（英領馬来、海峡殖民地）	19260302				
対外貿易　（英領馬来）	19270124	19270423	19270524	19270620	19270719	19270908
	19271020	19271025	19271206	19280125	19280213	19280317
	19280324				
対外貿易　（英領マレイ）	19290506				
対外貿易　（サラワク王国）	19270326				
対外貿易　（馬来）	19340108				
対外貿易概況　（英領馬来）	19221221	19280625			
対外貿易額　（英領マレイ）	19330508				
対外貿易額　（馬来）	19330612	19330821			
対外貿易額　（マレイ）	19330410				
対外貿易好勢（英領馬来）	19250707				
対外貿易状況　（印度）	19250904				
対外貿易状況　（英領マレイ）	19301215				
対外貿易状況　（新嘉坡）	19330807				
対外貿易状況　（シンガポール）	19321212				
対外貿易状況　（シンガポール港）	19310202				
対外貿易統計　（英領馬来）	19280514	19280625	19280730	19280820	19280910	19281001
	19281105	19281217	19290114	19290128	19331002	
対外貿易統計　（英領マレイ）	19290225	19290318			
対外貿易統計　（サラワク王国）	19361210	19370125			
対外貿易年報　（馬来）	19360410				
対外本邦貿易　（英領マレイ）	19290506	19290527			
大規模漁獲計画	19290121				
対抗策	19250602	19251119			
大豆	19181226				
退（頽）勢	19220911				

台頭	19230122				
対日貿易　（英領馬来）	19221016				
対日貿易概況　（英領馬来）	19250327				
対日貿易額　（英領馬来）	19241016				
対日貿易額　（馬来）	19330821	19340917			
対日貿易状況　（英領馬来）	19231025				
対日貿易状況　（馬来）	19350725				
対日貿易統計　（英領馬来）	19331002				
対日貿易統計　（マレイ）	19320627				
対日貿易年報　（馬来）	19360410				
対日貿易品別統計　（マレイ）	19320801				
対日本商	19280521				
対本邦貿易　（英領マレイ）	19290506				
対本邦貿易状況　（英領マレイ）	19300414	19310420			
対本邦貿易統計　（英領馬来）	19290128				
対本邦貿易統計　（英領マレイ）	19290225	19290318	19291209	19300811	19300929	19301027
	19301110				
対本邦貿易統計　（マレイ）	19320926				
対本邦貿易品別統計　（英領マレイ）	19320208	19320328	19320404	19320523	
	19320829				
対本邦貿易品別統計　（マレイ）	19320530	19320704			
対本邦綿布対抗策	19250602				
タイヤ	19260319				
タイル	19380110				
台湾樟脳　（しょうのう）	18960615				
台湾製	19100125				
台湾茶	18960615				
タオル	19230521				
タオル類	19220306	19220420	19220501		
高瀬貝	19241110	19250328			
竹細工品	19140323				
竹状況	19240107				
煙草　（タバコ）	19151206				
煙草業	18891011	18891210			
煙草栽培景況　（スマトラ島）	18920618				
煙草消費税率変更　（海峡殖民地）	19320606				
煙草税　（海峡殖民地）	19311124				
煙草生産　（馬来）	19351110				
煙草税引上実施　（海峡殖民地）	19311124				
煙草輸出景況　（スマトラ島）	18921220				
煙草輸入税改正　（ジョホール州）	19311124				
煙草輸入の景況	18970715				
足袋　（たび）	19220327				
タピオカ	19240107				
タフエタ	19100405				
玉糸　（たまいと）	19240911				
鱈　（たら）	19050918				
Talcm powder（タルカムパウダー）	19290513				
炭況　（新嘉坡）	19150201				
タンジョン、バガー	19090505				
タンジョン、バガー船渠（せんきょ）会社	19050803	19050823			
段通　（だんつう）	18970104	19101005			
Damar（ダンマー）	19291125				
チーク木	18890427				
蓄音機	19250213	19250214			
築造決定	19250723				
地積	19221030				
地租軽減延長	19330424				
地租引下	19331204				
チヂラ織り	18980115				
地方商況　（馬来）	19230823				
地方貿易景況	18910213				
茶	18960615	19160501			
茶況	18900424	19020510			
茶業	18890715	19250223			
茶業統計	19250223				
茶栽培　（英領馬來）	19370810				
茶箱	18890416	19250220			
注意	18890416	18930310	19080403	19090108	19151024	19160224
	19230628				
中止対策	19251208				
兆候	19230517				
調査	18980608	19050313	19051018	19080918	19090605	19090625

同盟運賃	18970415				
同盟汽船会社	18960915				
籐輸出解禁　（海峡殖民地）	19150311				
籐輸出禁止　（海峡殖民地）	19150304				
動揺	19280423				
東洋航路	19220828				
東洋航路開始	18980528				
東洋市場	19250603				
東洋市場急進出　（米国品）	19250603				
蜥蜴（とかげ）皮	19240225				
蜥蜴（とかげ）皮取扱商	19240225				
特認電信暗号簿	19150705				
時計	19220213				
土人用	19260312				
土地飢饉　（英領馬来）	19260608				
土地制限条例	19190911	19190915	19191106		
特許条件	19180325				
特恵率実施	19320725				
トバ液	19280604				
トバ根	19290408				
取扱業者	19230419	19240922			
取扱商	19130505	19130605	19130616	19131225	19140824	19150121
	19150222	19150621	19150708	19150719	19150902	19151011
	19151021	19151115	19151206	19151216	19160117	19160124
	19160221	19160501	19161019	19170315	19170402	19170409
	19170416	19170426	19170705	19170906	19171022	19171101
	19180124	19180808	19181209	19211121	19220109	19220206
	19220213	19220220	19220404	19220501	19220504	19220626
	19220727	19220810	19220821	19230514	19230521	19230528
	19230719	19231105	19231213	19231224	19240110	19240117
	19240128	19240131	19240218	19240225	19240306	19240317
	19240404	19240424	19240515	19241023	19241208	19241222
	19241225	19250110	19250214	19260702	19271206	19271207
	19271210	19280317	19280514	19280709	19280723	19280730
	19290520	19291223	19300428	19300818	19300929	19301006
	19301215	19310413	19310727	19310914		
取扱上の注意	19230628				
取扱店	19130115				
取扱本邦商	19180909	19220327			
取調	18950316	19080123			
取引希望者	19230104				
取引事情	19290527	19311005			
取引状況	19240602	19240918	19290408	19300421	19300428	19301215
	19310622	19361125	19380110			
取引条件	19301006				
度量衡	19160911				
ドロン	19111101				

な行

内外諸会社	19290826				
内外人	19280618				
捺染綿布	19240619				
海鼠（なまこ）	19040528				
南阿炭輸入状況　（新嘉坡）	19230118				
南洋護謨輸出量不変	19230212				
南洋産	19211121				
南洋市場進出	19310323				
南洋の水産	19140427	19140430	19140504	19140507	19140511	19140521
	19140528	19140608	19140618	19140625		
南洋木材	19240114				
膠（にかわ）原料	19160914				
鰊（にしん）	19000218				
日曜日労働制限法　（海峡殖民地）	19090113				
日貨抵制運動	19230719				
荷造	19080403				
荷造の注意	19030503				
荷造用	19240221	19250220			
荷造用茶箱	19250220				
日暹貿易	19231115				
日本医師の登録	19050928				
日本衣装	19271207				
日本円銀	18981128	18981208			
日本菓子	19220330				

日本産	19110210				
日本酒	19160720				
日本種	19121120				
日本商	19280521				
日本商品見本陳列所　　（新嘉坡）	18980908				
日本醬油	19110405	19140727			
日本人	19060608	19150204	19320307		
日本人商工会議所設立　（シンガポール）	19320307				
日本製	19070118				
日本炭	19180722	19290107			
日本履物	19130115				
日本品	18910430	19061108	19220911	19260726	
日本品の商況	18930805				
日本綿糸布対抗策	19251119				
日本薬品	18960815				
入港船舶	19160911				
入国規制	19160921				
乳製品	19250527				
入国条例	19191120				
二硫化炭素	19311026				
人形	19170906				
認定	19180523				
任命	18930216				
縫糸	19230416	19230419			
布製靴	19301006				
ネル→フランネル	19231112				
年次報告概要	19361110				
年報摘要　　（英国保護馬来諸国）	18961228				
年報摘要　　（麻六甲ーマラッカ）	18970906				
年報摘要　　（馬來連邦）	18971230				
農園免租措置　　（マレイ連邦州）	19320808				
農作地租軽減延長　　（マレイ連邦州）	19330424				
農産物品評会	19101110				
農産物貿易状況　　（英領馬来）	19360725				
農産物貿易年報　　（英領馬来）	19370810				
農貸付基金法案	19080923				
脳脊髄膜炎	19180523				

は行

バター	19330703					
パーム・カーネル産出高　（英領マレイ）	19321024	19321226				
パーム油　　（英領マレイ）	19321024	19321226				
廃止	18990228	19190901	19190911	19190915	19190922	19191106
	19270221					
廃止　　（灯台税）	19130225					
買収説	19230319					
排日貨提唱　　（新嘉坡）	19230426					
売買商人	19110825					
売薬	19170426	19300818				
売薬業者　　（新嘉坡）	19220921					
パインアップル工場	19220814					
蠅取	19231108					
白蝋（はくろう）	19070123					
刷毛　　（はけ）	19100125	19250220				
波形板	19190421					
バケツ	19130605					
刷毛（はけ）類	19220817	19220821	19290805			
パチヨク油	19250112					
パチヨク業	19250112					
パチヨリー油	19271206					
パチヨク葉	19250120					
薄荷　　（はっか）	19300203					
薄荷玉	19150121					
発見	18890628	18920824				
発行	19031108					
発展	19100625					
発表	19230816	19231108	19240207	19240512		
発布	19041005					
発明	19230416					
パナマ帽	19100125	19131225				
花筵（はなむしろ）類	19240911					
パハン州近況	19090413					
葉巻煙草	19250609					

本邦商品標本陳列所	19000425				
本邦商品見本	18971005	18971015			
本邦醤油	19300901				
本邦人	19171112				
本邦人状況　　（海峡殖民地）	19190616				
本邦製	18980115	19000218	19030503	19051018	19100125	19160313
	19170416	19170906	19181209	19221016	19250220	19271212
	19290415	19300210	19301201	19380110		
本邦セルロイド製品	19210924				
本邦船舶業者に対する注意	19060613				
本邦当業者	19340108				
本邦品	19221016	19230205	19230511	19250630	19311012	
本邦品売込余地	19230205				
本邦品市場	19231025				
本邦燐寸（マッチ）商況	19080428				
本邦向け	19180325				
本邦莫大小（メリヤス）業	19240404				
本邦莫大小（メリヤス）製品類	19220918				
本邦綿製品	19250728				
本邦綿布	19240324	19240918	19280521	19340820		
本邦木蝋（もくろう）	19090625				
本邦輸出	19080403				
本邦輸出貨物	19050313				
本邦輸出業者	19160224				
本邦輸出農産物	19321121				
本邦輸入米	19080123				
本邦輸入割当量	19340903				

ま行

麻雀（マージャン）	19240908				
曲木（まげき）細工	19101210				
燐寸（マッチ）	19060313	19070118	19080428	19100110	19100210	19100225
	19110301	19211101	19220119	19220810	19220901	19221124
	19240128	19240821				
マッチ	19030503	19211215				
燐寸会社	19240421				
燐寸会社営業状況　　（馬来）	19230208				
燐寸原料	19240407				
燐寸（マッチ）市況	19221124				
燐寸（マッチ）市況　　（英領馬来）	19231018	19231101	19230205	19230301	19230405	19230423
	19230528	19230625	19230726	19230827	19231101	19231129
	19240221	19240331	19240421	19240512	19240918	19241030
	19241106	19241208	19250109	19250203	19250304	19250326
	19250501	19250527	19250725	19250910	19251106	
燐寸（マッチ）商況　　（新嘉坡）	19100110	19230104	19230122			
燐寸消費税法	19270221				
燐寸消費税賦課　　（ジョホール州）	19320321				
燐寸消費税法廃止　　（馬来）	19270221				
燐寸製造業　　（英領馬来）	19250410				
燐寸輸入商	19100210				
燐寸輸入状況　　（英領馬来）	19240128				
燐寸輸入数量　　（新嘉坡）	19240821				
燐寸　（マッチ）輸入税　　（馬来連邦）	19211101				
燐寸　（マッチ）輸入税率　　（馬来連邦州）	19220810				
魔法瓶	19220821				
豆油（まめあぶら）	19181226				
豆粕	19181226				
丸釘	19271210				
馬来経済諸問題演説要旨	19341112				
マレイ語新聞	19311109				
馬来栽培連合会	19361110				
馬来諸港	19350625				
マレイ総督	19310907				
馬来半島事情	19110310				
マレイ麦酒会社	19330109				
馬来　（マレー）貿易	19230205				
馬來燐寸会社	19230208				
馬来連邦近況	19091110				
馬来連邦事情	19090328				
マレイ連邦州議会	19310427				
馬来（マレー）連邦政府	19211215				
マレイ連邦政府	19300120				
満州大豆	19240131				

万年筆	19310727					
蜜柑 （みかん）	19130505					
水先案内料金改正 （新嘉坡港）	19221228					
未製護謨	18890930					
密輸取締	19230621					
ミルク	19361125					
無尽 （むじん）	19230208					
無線電信局	19160323					
名称	19030903					
眼鏡 （めがね）	19250218					
墨西哥 （メキシコ） ドル銀	19041005					
莫大小 （メリヤス）	19160313	19230528	19231025	19231101		
莫大小 （メリヤス） 業	19240404					
莫大小 （メリヤス） 工業	19231101					
莫大小 （メリヤス） 工場	19230528					
莫大小 （メリヤス） 状況 （英領馬来）	19231025					
莫大小 （メリヤス） 製品	19170906	19280709	19300210			
莫大小 （メリヤス） 製品類	19220918					
綿	19321205	19330116	19330306	19330410	19340528	19340924
	19341126	19350225				
綿、絹糸布	19321205	19330116	19330306	19330410	19330918	19340528
	19340924	19350225				
綿、絹綿布 （英領マレイ）	19330116	19330306	19330410			
綿織物	19240609	19250502				
綿花	18890902					
棉花	18891210	18891218	19220817	19240529	19250909	
綿貨	19350125					
棉花景況	18900114	18900224				
棉花商況	18900123					
棉花消費税	19240529					
綿花綿糸布情況	19251223					
綿業	18900115					
棉業	18890528					
綿絹糸布 （めんけんしふ） 貿易	19251009	19260427	19260525	19260725	19260801	19261107
	19261111	19270112	19270130	19270327	19270410	19270501
	19270602	19270610	19270814	19270816	19270925	19271030
	19271127	19280129	19280219	19280317	19280326	
綿工業	19250602					
綿糸布	19240602	19250818	19250909	19280423	19280618	
綿糸布市況 （新嘉坡）	19270413	19270426	19270514	19270617	19270719	19270908
	19270919	19271020	19271117	19280106	19280209	19280228
綿製カンバス	19341217	19341224				
綿製ヅック→ズック	19341217	19341224				
綿製品	19250728	19280423				
綿布	19240324	19240404	19240825	19240918	19250602	19250807
	19251021	19251208	19260309	19330911	19340618	19340716
	19350410	19360410				
綿布需要趨勢 （すうせい）	19230122					
綿布状況	19240324					
綿布対抗策	19250602					
綿布輸入税改正 （ジョホール州）	19330911					
綿布輸入税率	19260309					
綿布類	19101110					
綿莫大小 （メリヤス） 製品	19170913					
木材	19240114					
木材工芸品	19111101					
木材商	18890416					
木炭状況 （新嘉坡）	19240110					
木蝋 （もくろう）	19041005	19060608	19090625	19151216		
模造	19100125	19131225				
樅 （モミ） 箱	19220220	19240221				
問題	19240410					

や行

薬材	18890427					
薬種	19280330					
薬品	19311116					
薬用人参	19301215					
野菜類	19350625					
椰子 （やし）	19121015					
椰子 （やし） 樹	18970726					
椰子 （やし） 樹栽培法	18970726					
椰子繊維工業状況 （英領馬来）	19250611					

ラングーン米	18970104		
蘭貢（ラングーン）米商況	19050118		
ラングーン米騰貴	18961015		
藍靛	19010210	19010425	
藍靛景況	18931130		
蘭領爪哇産	19020425		
蘭領東印度綿布	19230122		
立法会議　（海峡殖民地）	19311005		
立法会議通過	18981128		
流行	19180221		
流行地	19180523		
硫酸使用高	18931113		
硫酸輸入	19291223		
領海	19040528		
利用推奨	19240114		
旅客規則　（新嘉坡）	19150812		
旅券規則　（海峡殖民地）	19170816		
林檎（りんご）	19060113		
燐酸　（リンさん）石灰	19131020		
冷蔵庫	19230521		
レコード	19250214		
レモン草油	19240121		
練乳	19180808	19231112	19330410
労銀	19160921		
労働者	19160921		
ローゼル栽培	19230301		
倫敦（ロンドン）委員会	19090520	19090805	

わ行

藁（わら）細工品	19140323	
割当実施	19340702	
割当制説	19341217	
割当制問題　（馬来）	19360810	
割当法案通過　（英領馬来）	19340618	
割当法案要綱　（英領馬来）	19340618	
割当法適用	19341217	
割当量	19341126	19341224

編集者紹介

南原　真（なんばら　まこと）

Nambara　Makoto

東京経済大学　経済学部　教授

1998 年　Ph.D.　ロンドン大学 SOAS

（主要著作）

『タイの財閥—ファミリービジネスと経営改革』（共著）同文舘出版、1991 年

"Economic Plans and the Evolution of Economic Nationalism in Siam in the 1930's,"

SOAS, the University of London, Ph.D. thesis, 1998

「1930 年代のタイにおける外国人アドバイザーとタイ人の確執：経済政策論争と経済ナショナリズム」『アジア経済』（アジア経済研究所）第 41 巻第 12 号、2000 年

「タイにおける英国ボルネオ社の事業活動—1920 年代後半から 1930 年代前半までのチーク事業—」『東経大学会誌』265 号，2010 年

『「領事報告」掲載タイ（暹羅）関係記事目録 1885-1943 年』三恵社，2019 年

「領事報告」掲載　シンガポール関係記事目録
—海峡植民地と英領マラヤ：1889-1940年—

2022年12月15日　　初版発行

編　集　者　　**南原　真**

発行所　　株式会社　三恵社
〒462-0056 愛知県名古屋市北区中丸町2-24-1
ＴＥＬ:052(915)5211
ＦＡＸ:052(915)5019
ＵＲＬ:http://www.sankeisha.com

乱丁・落丁の場合はお取替えいたします。
ISBN978-4-86693-714-4 C3030